Für meine Enkel Lilith und Elias

Vorwort

Am 03. Januar 2009 war es so weit. Eine neue Technologie erblickte das Licht der Welt: Ein digitales, dezentrales Geldsystem. Doch was bedeutet das für die Gesellschaft? Und warum ist es so wichtig, hier den Anschluss nicht zu verpassen? Diesen Fragen wird dieses Buch nachgehen.

Aber eins vorweg. Dieses Buch will nicht belehren, während es sich in technische Details verstrickt. Ziel ist es, Ihnen dabei zu helfen, sich selbst ein Urteil zu bilden. Ist was dran an dieser Bitcoin- und Blockchain-Revolution? Oder haben wir es, wie Starinvestor Warren Buffett einmal sagte, doch nur mit "Rattengift" zu tun?

Auf dieser Lesereise werden wir gemeinsam der Frage nachgehen, ob Bitcoin und die Blockchain-Technologie das Potential haben, gesamte Wirtschaftsbereiche und -Abläufe besser, schneller, effizienter und preiswerter zu machen. Außerdem werden wir einen Blick auf Ethereum werfen – die zweitgrößte Kryptowährung nach Bitcoin. Anschließend werden wir abwägen, ob es sinnvoll ist, in diesen Bereichen als Investor einzusteigen. Vielleicht finden wir ja gemeinsam – im Investment-Sinne – das neue Amazon oder Google?

Fest steht: Die Blockchain-Technologie ermöglicht schon heute den weltweiten Austausch von Geld, Wert und Verträgen. Nichts Neues, denken Sie? Doch! Denn mit der Blockchain-Technologie funktioniert dieser Austausch, ohne, dass man von Dritten und Mittelsmännern abhängig ist. Davon können Menschen auf vielen Ebenen profitieren; von der Privatperson bis hin zu großen Unternehmen.

Grund genug, in dieses Gebiet einzutauchen. Und zwar in einfacher und verständlicher Sprache. Ohne Schnickschnack, aber nicht ohne Informationsverlust.

Denn die Dezentralisierung kann Menschen ein Stück ihrer Freiheit und Selbstbestimmung zurückgeben - und zwar von Konzernen, Staaten und Banken. Eine Chance, die man ergreifen sollte.

Allen, die diese Chance nachher als Investment nutzen wollen, soll dieses Buch helfen. Mit praktischen Tipps für den Einstieg in die Welt der Kryptowährungen und dem nötigen Hintergrundwissen, um bei der nächsten technologischen Revolution nicht abgehängt zu werden.

Denn gerade bei neuen und komplexen Technologien gilt wie immer die "Goldene Investoren-Regel": Investiere NIE in Geschäfte, von denen Du nicht wenigstens die Grundbegriffe verstehst. Jeder muss sich über die Chancen und Risiken ein eigenes Bild machen, bevor er oder sie Geld in die Hand nimmt!

Übrigens: Weil wir es hier mit einer so neuen und stets im Wandel befindlichen Technologie zu tun haben, wird die elektronische Version dieses Buch regelmäßig aktualisiert. Und da sehr viele Fachbegriffe, Artikel und Berichte in Englisch sind, werden Sie beide Sprachen in diesem Buch vorfinden.

Nun aber erst einmal: Viel Freude mit der Lektüre!

Ihr

Maximilian Erlmeier

1. Geld regiert die Welt

Ob man es hat oder nicht, man kommt nicht drum herum: Geld. Es ist der Kitt, der die Welt zusammenhält. Allerdings ist dieser Kitt weder gerecht noch besonders zuverlässig. Während die Reichen und Mächtigen das Vermögen und den weltweiten Reichtum unter sich aufteilen, bekommt ein Großteil der Menschen nur ein ganz kleines Stück vom Kuchen ab! Die Ungleichverteilung des weltweiten Wohlstands führt zwangsweise zu Armut und Ausbeutung von Vielen zu Gunsten des Luxus und Reichtums von einigen wenigen.

Die Zahlen sprechen für sich. In einer Studie aus dem Jahr 2017 hat man herausgefunden, dass circa 1 Prozent der Weltbevölkerung in etwa die Hälfte des weltweiten Vermögens besitzt und die ärmere Hälfte dagegen nur 1 Prozent dieses Vermögens. Das bedeutet, dass einige wenige Menschen mehr Geld in den Händen halten, als sie in ihrem ganzen Leben ausgeben können.

Im September 2021 gilt etwa Jeff Bezos, Gründer von Amazon, mit einem geschätzten Vermögen von 189,2 Milliarden US-Dollar als reichster Mann der Welt. Er beschäftigt allein in Deutschland 18.000 Arbeiter und Arbeiterinnen. Und die verdienen als Einstiegsgehalt zwischen 11,30 und 12,70 Euro brutto pro Stunde. Ein durchschnittlicher Arbeiter müsste also 1,7 Millionen Jahre ohne Unterbrechung und Schlaf arbeiten, um auf das Vermögen seines obersten Bosses zu kommen.

Dieser kleine Einblick in die Taschen des reichsten Mannes der Welt zeigt die Absurdität des Geldsystems gut: Das Geld dieser Welt ist unfair verteilt.

Aber das liegt nicht nur an der Gewinnmaximierung der Schönen und Reichen. Es hat auch zu einem guten Anteil damit zu tun, dass die wenigsten Menschen noch einen Überblick darüber haben, wie Geld überhaupt entsteht und verteilt wird, wer die Macht darüber hat und wie Entscheidungen getroffen werden.

Denn die Zentralbanken dieser Welt können in Zusammenarbeit mit den Staaten beinahe ungehindert Geld drucken und damit die Menge an Geld, die sich im Umlauf befindet, relativ willkürlich erhöhen.

Ebenso die Banken, die durch Kreditvergabe Geld aus dem Nichts schöpfen können. Das wiederum hat zur Folge, dass das Geld durch Inflation immer weiter an Wert verliert. Die Folgen sind bekannt: Die Preise steigen, die Löhne aber oft nicht im selben Maße.

Welche fatalen Folgen eine solche Geldpolitik haben kann, können wir im südamerikanischen Venezuela beobachten. Dort betrug die Inflationsrate im Jahr 2020 2.355 Prozent. Im August 2021 beschlossen die Währungshüter im Land, bei allen Preisen sechs Nullen zu streichen, da die vielen Nullen die Buchhaltung im Land massiv erschwerten.

Die wirtschaftlichen Folgen dieser hohen Inflation sind fatal. Da der venezolanische Bolívar ständig weiter entwertet wird, können Menschen sich nicht sicher sein, dass ihr Geld am Ende des Tages noch das wert ist, was sie dafür vielleicht noch am Morgen bekommen hätten.

Die Inflation ist in Venezuela so stark, dass das Geld so schnell an Wert verliert, dass es vielleicht schon am Ende der Woche nur noch ein Bruchteil dessen wert ist als zu Wochenbeginn.

Sparen wird damit unmöglich, das Leben zunehmend härter. Nahrung, Benzin oder bezahlbare Medikamente werden immer seltener. In ihrer Verzweiflung greifen die Menschen wieder auf den Tauschhandel zurück, denn hier haben sie noch mehr Sicherheiten als bei der kaputten Staatswährung. Wer kann, rettet seine wenigen Besitztümer oder gar Vermögen ins Ausland, ehe es nichts mehr wert ist. Einige Menschen dort haben auch bereits das "digitale Gold" Bitcoin für sich entdeckt. Obwohl die Kryptowährung in ihrem Wert selbst noch nicht stabil ist, ist sie für viele attraktiver als der Bolívar.

Doch bevor wir erkunden, warum Bitcoin in Venezuela zur immer attraktiveren Geld-Alternative wird, müssen wir uns fragen: Wie konnte es soweit kommen?

Geld – Das Kernelement einer funktionierenden Gesellschaft

Tauchen wir also ein in die Geschichte des Geldes, um zu verstehen, was uns jeden Tag durch die Finger rinnt und womit wir eigentlich unsere Brötchen, Kaffee und unsere Vergnügungen bezahlen.

Die ältesten Vorläufer des Geldes reichen bis in die tiefste Menschheitsgeschichte zurück. Bereits unsere Vorfahren benutzten verschiedene Waren – etwa Muscheln, Zähne oder auch Stoff – um sie gegen andere Waren zu tauschen. Bereits vor 20.000 Jahren sollen die Westeuropäer mit kleinen Steinbeilen gezahlt haben, um von anderen Stämmen etwas Fleisch zu kaufen.

Vor knapp 4.000 Jahren begann man in Afrika damit, Kauri-Schneckengehäuse als Tauschmittel zu verwenden. Überlieferungen zufolge wurde das "Kaurigeld" auf der halben Welt verwendet und anerkannt. Dadurch verliehen ihm die Menschen die wichtigste Funktion von Geld: Es konnte Wert aufbewahren. Denn die Menschen vertrauten darauf, dass sie für eine bestimmte Anzahl der Muscheln eine bestimmte Menge einer Ware bekommen konnten. Damit erfüllte das Kaurigeld die wichtige Geldfunktion als "Wertspeicher".

Zudem waren sie *fälschungssicher* – nur die Muscheln, die auf den Malediven und rund um den Golf von Thailand gesammelt wurden, wurden auch als Kauri anerkannt. Auch wurden sie als *Recheneinheit* verwendet, man bekam für eine bestimmte Menge an Muscheln eine bestimmte Menge an Waren.

> **Das Kaurigeld gilt als eine der ersten Formen des Geldes. Die Gehäuse der Kaurimuscheln erfüllten dabei bereits wichtige Eigenschaften. Sie wurden als *Recheneinheit* verwendet, dienten als *Wertspeicher* und waren relativ *fälschungssicher*.**

Dennoch waren die dekorativen Muscheln kein seltenes Gut, denn wer es sammelte, wurde auch fündig. So ereilte das Kaurigeld dasselbe Schicksal, das auch Jahrhunderte später den venezolanischen Bolívar ereilen sollte.

Die Menschen sammelten mit der Zeit so viele Muscheln, dass es zu einer *Inflation* kam. Das Kaurigeld wurde immer wertloser, da es nicht wirklich *knapp* war, zumindest nachdem die Transportmöglichkeiten besser geworden waren und sich damit die kleinen Muscheln auf der ganzen Welt verbreiten konnten. Schließlich hörte man in Südasien im 19. Jahrhundert, in Westafrika zu Beginn des 20. Jahrhunderts, auf, die Muscheln als Zahlungsmittel zu nutzen.

Von Muscheln zu Münzen – Geld wird veredelt

Praktikabler war da schon das Münzgeld. Im 7. Jahrhundert vor unserer Zeitrechnung begannen die Menschen in Ionien und Lydien in Kleinasien damit, eine Legierung aus Gold und Silber in Form von Klumpen zu pressen und sie mit Bildern zu schmücken. Die ersten Münzen, die aus reinem Gold oder Silber bestanden, entstanden in der Mitte des 6. Jahrhunderts unter König Kroisos aus Lydien. In der Folge wurde es unübersichtlich, alle möglichen Könige begannen damit, ihre eigenen Münzen zu prägen.

Das Gespenst der Inflation

Das erste Papiergeld entstand schließlich im China des zehnten Jahrhunderts. In der Region Sichuan hatte man bisher Münzen aus Eisen verwendet. Doch diese waren zu schwer und ihre Herstellung zu aufwändig, das Metall und die Arbeit war höher als der Tauschwert. Im Jahr 933 kam es außerdem durch eine Belagerung dazu, dass die Münzen langsam knapp wurden. Also entschlossen sich einige Händler, Papiergeld herauszugeben. Anschließend übernahm die Stadt die Regulierung die Ausgabe des Papiergeldes, bis im Jahr 1016 schließlich der chinesische Staat die Ausgabe von Banknoten übernahm. Die erste Verstaatlichung von Papiergeld war vollzogen. Doch es ließ nicht lange auf sich warten, dass Herrschende Schindluder mit dem Papiergeld trieben. Verschiedene Kaiser haben nach Belieben immer wieder Geld gedruckt, ohne darauf zu achten, dass die Kaufkraft erhalten blieb. Durch diese Erhöhung der Geldmenge entwerteten sie die Kaufkraft, es kam immer und immer wieder zu massiven Inflationen.

Gold als unbestechlicher Geldanker

Noch während des zweiten Weltkrieges begannen insgesamt 44 Nationen, darunter China, die damalige UDSSR und

Großbritannien unter der Schirmherrschaft der USA an einem System zu feilen, das es zum Ziel hatte, eine internationale Währungsordnung mit dem US-Dollar als Leitwährung zu schaffen.

Beim so genannten Bretton-Woods-Abkommen wurde schließlich der "Goldstandard" beschlossen. So wurde festgelegt, dass jede Unze Gold 35 US-Dollar wert ist. Damit konnten sich alle Währungen am US-Dollar orientieren und darauf vertrauen, dass für das Papier, auf dem scheinbar willkürliche Zahlen gedruckt sind, auch tatsächlich etwas hinterlegt ist: Gold!

Das gab eine unschätzbare Sicherheit: Es sollte nicht mehr möglich sein, unbegrenzt Geld zu drucken, ohne sich an einem festgelegten hinterlegten Wert, nämlich dem des Goldes, zu orientieren. Dieses ist schwer zu schürfen, begrenzt, knapp und nur schwer manipulierbar - wichtige Eigenschaften für einen Geldanker!

> **Durch das Bretton-Woods-Abkommen wurde Gold als Geldanker festgelegt, um einen einheitlichen "Goldstandard" zu schaffen.**

Die Federal Reserve Bank, die Zentralbank der Vereinigten Staaten, versprach feierlich, Gold zu dem festgelegten Preis in jeglicher Höhe zu kaufen. Die anderen Mitgliedstaaten verpflichteten sich im Gegenzug dazu, die Schwankungen ihrer Währungen gering zu halten.

Um das Ganze zu überwachen, riefen die Staaten unter anderem den Internationalen Währungsfonds (IWF) ins Leben. Gemeinsam mit der internationalen Bank für Wiederaufbau und Entwicklung (IBRD) sollten die Organisationen dafür sorgen, dass die beschlossenen Regeln eingehalten wurden.

Die Idee schien zunächst genial: Das Edelmetall Gold wurde zum unbestechlichen Geldanker, an dem sich die wichtigsten Währungen der Welt orientierten, allen voran der US-Dollar als Weltleitwährung. Doch das Buch, das sie gerade lesen, wäre vielleicht nie nötig gewesen, wenn die Idee Bestand gehabt hätte. Es kam, wie es kommen musste: Das Bretton-Woods-Abkommen scheiterte und der Goldstandard zerbröselte zu Staub.

Das Ende des "Goldgeldes"

Im Jahr 1969 wurde dann deutlich, dass das System nicht mehr funktionierte. Zu diesem Zeitpunkt wollte Frankreich seine US-Dollar in Gold eintauschen. Aber die USA hatten nicht genug Gold vorrätig, um ihr Versprechen einzuhalten. Also kündigten die Vereinigten Staaten zwei Jahre später ihre Verpflichtung, das System brach zusammen. 1973 wurde Bretton Woods dann komplett eingestellt. Fortan sollte es keine festen Währungskurse mehr geben, es gab keine Garantie mehr, um sein Geld zu abgesicherten Preisen eintausche zu können.

Im Zuge dessen bekam auch Gold eine neue Funktion im globalen Finanzmarkt. Das Edelmetall wurde zu einer neuen Anlageklasse, die wichtige Funktionen mit sich brachte. Unter anderem sollte es vor Inflation schützen und dem Vermögensaufbau dienen. Denn vor allem gegenüber dem US-Dollar zeigte sich Gold als beständig. Während die Inflation in Amerika in den folgenden Jahren auf ungeahnte Höhen stieg, wurde die Leitwährung nach und nach wertloser.

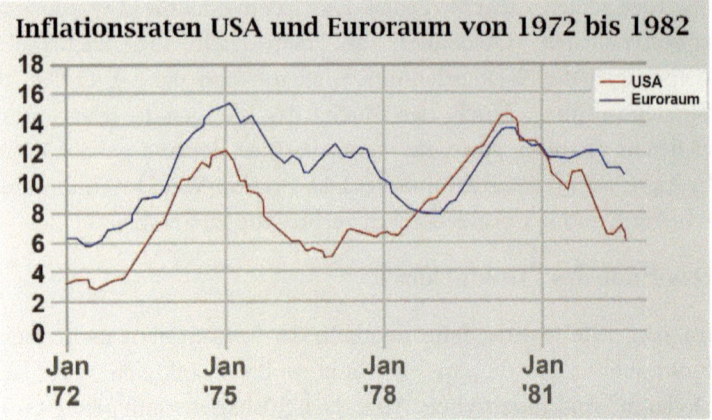

Inflationsraten USA und Euroraum von 1972 bis 1982

Der Preis einer Unze Gold stieg auf der anderen Seite zwischen den Jahren 1970 und 1979 auf über 500 Prozent seines vorigen Wertes.

> **Nachdem der Goldpreis nicht mehr an den US-Dollar gebunden war, wurde er gegenüber dem US-Dollar mit der Zeit wertvoller. Das Edelmetall wurde zu einer eigenen Anlageklasse.**

Das brachte für viele Menschen die Erkenntnis mit sich, dass man Probleme nicht mit der Geldpresse lösen kann. Die USA hatte es versucht – durch unkontrolliertes Drucken neuer Scheine sollte die Wirtschaft einen ordentlichen Schub bekommen. Doch die Inflation stieg an und Gold, das im Gegensatz dazu nicht unendlich vermehrt werden kann, wurde immer wertvoller.

Vertrauen – die härteste Währung der Welt

Wer diese Seiten bisher aufmerksam gelesen hat, dem wird es dämmern: Die Grundlage von Geld ist Vertrauen. Vor 4.000 Jahren vertrauten die Menschen darauf, dass sie für eine Handvoll Muscheln eine Mahlzeit bekamen. Später wurde dieses

Versprechen, Geld für etwas eintauschen zu können, auf Papier gekritzelt und mit dem US-Dollar in Gold aufgewogen.

Wir vertrauen darauf, dass der Schein oder die Münze, die wir in der Hand halten, einen Gegenwert hat. Wenn wir sie umtauschen wollen, bekommen wir etwas dafür. Wir können damit zum Bäcker gehen, um einen Kaffee zu trinken oder ins Restaurant, um etwas zu essen. Wir können uns Dienstleistungen oder auch ein Auto davon kaufen.

Das Problem an der Sache: Das Vertrauen in Geld und die Institutionen, die dafür verantwortlich sind, wurde immer wieder enttäuscht und wird auch jetzt wieder nach und nach verspielt.

Erinnern wir uns an das Jahr 2008. Die USA stand vor einer wirtschaftlichen Katastrophe. Die Immobilienblase – ausgelöst durch faule Kredite – platzte. Daraufhin folgte ein Banken-Crash auf den nächsten. Denn das Geld, dass die Banken in der Zeit zuvor so großzügig verliehen hatten, konnte ihnen nicht mehr zurückgezahlt werden. Die Finanzkrise gipfelte schließlich darin, dass die Investmentbank Lehman Brothers am 15. September 2008 Bankrott anmeldete.

Menschen verloren ihre Häuser und einen großen Teil ihrer Ersparnisse, die Krise griff um sich. Der weltweite Handel war eingebrochen, es gab kein Vertrauen mehr in die Banken. Im Anschluss kam es zum so genannten "Banken-Run".

Menschen stürmten auf die Banken, um ihr Erspartes abzuheben. Doch die kamen mehr und mehr in Erklärungsnot, denn sie konnten das Geld, dass sie eigentlich aufbewahren hätten sollen, teilweise nicht mehr auszahlen. Dann mussten die Staaten einspringen. Sie bewahrten die Banken vor der Insolvenz, manche wurden direkt mit Staatshilfen gerettet. Viele Menschen fanden das ungerecht. Die Banken hatten sich verspekuliert und die Gesellschaft musste die Suppe auslöffeln!

Fazit: Unser Geld- und Finanzsystem ist krank

Wir erinnern uns an Jeff Bezos und seine Mitarbeiter, an die Gier der Kaiser, an Inflationen, an geplatzte Kredite und Spekulation durch Banken. Wir erinnern uns daran, wie in Venezuela und vielen anderen Ländern das Geld nichts mehr wert ist und wissen nun warum: Das internationale Geldsystem ist kaputt. Die scheinbar willkürliche Ausgabe von neuem Geld und ein fehlender Anker, vergleichbar mit Gold, zeigt uns deutlich, dass es schwerfällt, auf die derzeitigen Geldsysteme zu vertrauen.

Doch wir stehen nun, ein halbes Jahrhundert nach der Auflösung des Goldstandards und dem Bretton-Woods-Abkommen, vor einer neuen Umwälzung. Denn es gibt seit dem Jahr 2009 eine digitale Version des Goldes: Bitcoin.

Das System dahinter ist nicht manipulierbar, dafür fälschungssicher und gegen Inflation geschützt. Ähnlich wie Gold wird es geschürft – allerdings im Bereich des Digitalen. Außerdem bringt das digitale Gold noch eine wichtige Eigenschaft mit: Es ist knapp! Die maximale Menge ist auf 21 Millionen Bitcoin (BTC) begrenzt.

> **Bitcoin (BTC) ist fälschungssicher, nicht manipulierbar, gegen Inflation geschützt und knapp. Wie Gold wird es geschürft, doch die maximale Menge ist auf 21 Millionen Einheiten limitiert.**

Wem die obigen Ausführungen gezeigt haben, dass wir eine Absicherung gegen inflationäre Geldsysteme brauchen, kommt an Bitcoin nicht vorbei. Als digitaler Nachfolger von Gold und unbestechlicher Geldanker für die verschiedenen Währungen, die es auf der Welt gibt, hat Bitcoin das Potential, das Finanzsystem gehörig aufzumischen.

Und so kommen wir auch zurück zu Venezuela. Wo die Staatswährung ihr Vertrauen und ihre Wertspeicherfunktion längst verspielt hat, vertrauen Menschen mehr und mehr darauf, dass Bitcoin Wert speichern kann. Besser sogar: Wie es momentan aussieht, kann die digitale Währung auf lange Sicht Wert sogar steigern.

Grund genug, in die Welt des digitalen Goldes einzutauchen und anzuschauen, was dieser geniale Erfinder Satoshi Nakamoto da geschaffen hat.

2. Problem und Lösung: Die nächste große Revolution?

Bitcoin bringt viele Eigenschaften mit sich, mit denen es die Krankheiten unseres aktuellen Finanzsystems heilen kann. Es gibt keine zentralen Institutionen, die die digitale Währung nach Belieben ausschütten können, denn hinter Bitcoin steht nur der Computercode. Außerdem ist Bitcoin knapp, die maximale Menge ist begrenzt und es bringt die Möglichkeit mit sich, Wert nicht nur aufzubewahren, sondern diesen sogar zu steigern. Dieses Geldsystem wurde im Jahr 2008 erstmals vom unbekannten Schöpfer unter dem Pseudonym Satoshi Nakamoto in einer anonymen Mailing-Liste veröffentlicht.

Digital und Dezentral: Die Lösung!

Der große Unterschied, den Bitcoin zu herkömmlichen Währungen wie US-Dollar, Euro und Co. bietet: Bitcoin ist dezentral. Das bedeutet, dass er keine zentrale Institution wie etwa eine Bank benötigt, um zu funktionieren. Stattdessen haben wir es beim Bitcoin-Netzwerk mit einem verteilten System zu tun.

Wir können uns das in etwa wie ein gigantisches Spinnennetz vorstellen, das sich um den gesamten Globus spannt. An den Knotenpunkten (Full Nodes) dieses Netzes befinden sich Computer, die mit allen anderen Knotenpunkten des Netzwerkes verbunden sind. Ein Zentrum gibt es nicht, es ist *de-zentral*. Diese Technik, bei der Informationen dezentral bereitgestellt und gespeichert werden, bezeichnet man als *Distributed-Ledger-Technologie*. Dezentrale Systeme ermöglichen es, eine wichtige Angriffsfläche von zentralisierten Systemen zu umschiffen: Den so genannten "Single Point of Failure". Dadurch, dass die Systeme verteilt sind, gibt es keine einzelnen Server, die unliebsame Angreifer attackieren könnten.

Geldtransfer braucht Vertrauen

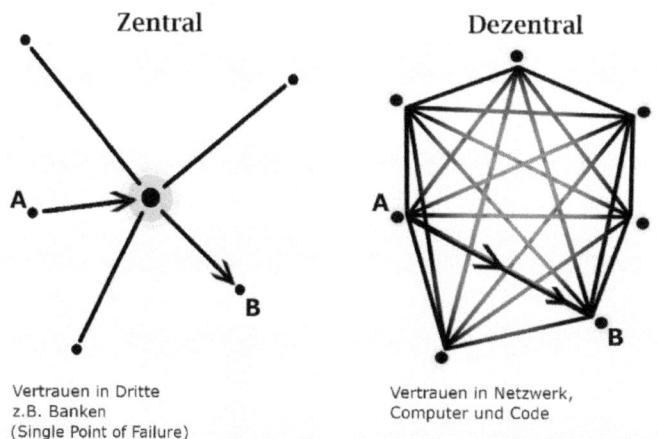

Zentral

Dezentral

Vertrauen in Dritte
z.B. Banken
(Single Point of Failure)

Vertrauen in Netzwerk,
Computer und Code

Vertrauen in ein Netzwerk?

Doch wie kann man einem Netzwerk nun Vertrauen schenken? Ganz einfach: Die Full Nodes stimmen sich ständig untereinander ab und folgen dabei dem Regelwerk, das sich Satoshi Nakamoto in seinem White Paper ausgedacht hat.

Dadurch entsteht eine Übereinkunft – im Bitcoin-Jargon spricht man auch von "Konsens". Wer Bitcoin verschicken will (wir sprechen hier von "Transaktionen"), muss diese Regeln befolgen, sonst werden die Transaktionen nicht akzeptiert.

> **Das Bitcoin-Netzwerk folgt festgeschriebenen Regeln. Es besteht aus einem dezentralen Netz aus Rechnern, die dafür sorgen, dass diese Regeln befolgt werden.**

Das Geniale an der Sache: Alle Transaktionen, die stattfinden, werden in einer Kette aus Datenblöcken gespeichert, einer Blockchain (aus dem Englischen: Chain=Kette; Block=Block). Jede Transaktion wird dabei mit einem komplizierten mathematischen Code versehen. Wenn ein Block erstmal an der Blockchain hängt, ist daran nichts mehr zu rütteln.

Übrigens kann jeder Mensch auf der Welt alle Transaktionen, die jemals auf der Bitcoin-Blockchain getätigt wurden, öffentlich einsehen. Dabei sieht man jedoch nur, zu welcher Uhrzeit und von welcher Bitcoin-Adresse die Datenpakete verschickt worden sind. Welche Personen hinter den Transaktionen stehen, bleibt im Verborgenen.

Dezentral und unbestechlich? Aber sicher!

> **Das Bitcoin-Netzwerk ist eine Blockchain. Die verschiedenen Nodes sorgen mittels festgelegten Codes dafür, dass jede Bitcoin-Überweisung (Transaktion) denselben Regeln folgt. Das kann jeder überprüfen, die Technologie ist damit sicher und unveränderbar beziehungsweise unbestechlich.**

Da das Bitcoin-Netzwerk auf Kryptographie aufbaut, spricht man auch von einer *Kryptowährung*. Und weil die Blockchain aus Rechnern besteht, die über die ganze Welt verteilt sind, bezeichnen wir das Netzwerk als dezentral.

So löst Bitcoin die Vertrauensfrage auf clevere Weise. Statt Staaten und Banken vertrauen zu müssen, schenkt man im Bitcoin-Netzwerk einer bombensicheren Technologie sein Vertrauen. Aber was ist dieses Vertrauen wert?

Satoshi Nakamoto und der Siegeszug des Bitcoins

Seit es Bitcoin gibt, hat die Kryptowährung einen atemberaubenden Siegeszug hingelegt. Sie wurde immer wertvoller und wertvoller. Am Anfang war es jedoch noch schwer, überhaupt etwas für dieses digitale Geld zu bekommen.

Wie schwer das war und wie verrückt die Geschichte Bitcoins ist, zeigt die "Pizza-Story" am eindrücklichsten.

Zwei Milliardenschwere Bitcoin-Pizzen

Wir schreiben das Jahr 2010, es ist Mai. Ein gewisser Laszlo Hanyecz bietet in einem Online-Forum 10.000 Bitcoins dafür, dass ihm jemand zwei Pizzen liefert. Seine einzige Bedingung: "Nix komisches mit Fisch oder so!".

Es sollte einige Tage dauern, bis sich jemand erbarmte. Doch schließlich konnte Hanyecz seine Pizzen eintauschen und damit in die Bitcoin-Geschichte eingehen. Heute wird unter Bitcoinern der 22. Mai als "Pizza-Day" gefeiert – einer der ersten Transaktionen mit der Kryptowährung überhaupt.

Nur elf Jahre später wären diese 10.000 Bitcoins 570 Millionen US-Dollar wert gewesen. Rückblickend die wahrscheinlich teuersten Pizzen der Welt. Hanyecz hat der Krypto-Welt damit einen großen Dienst erwiesen. Denn er war der erste, der es möglich machte, dass Bitcoin gegen Waren getauscht wurden. Nur dadurch kam ein Gegenwert in den Bitcoin-Kreislauf. (Mehr darüber, wie Bitcoin wert bekommt, erfahren Sie im nächsten Kapitel).

Historische Bitcoin-Kursentwicklung

Hier einige historische Bitcoin-Kurse, um einen Überblick zur Wertentwicklung des Bitcoins zu bekommen.

Hier sehen Sie: Die Kursentwicklung des Bitcoins gleicht einer Achterbahnfahrt. So kann die Kryptowährung innerhalb eines Jahres schon mal um 90 Prozent schwanken. Und zwar in beide Richtungen. Innerhalb von weniger als 10 Jahren ist der Preis von einem Bitcoin von unter einem Cent auf knapp 20.000 US-Dollar (Ende 2017) geklettert, nur um kurze Zeit später im Jahr 2018 wieder auf 3.000 US-Dollar zu stürzen. Aber auch von dort aus ging es steil bergauf: Schon im April 2021 erreichte der Bitcoin-Kurs seinen Höchststand von 60.000 US-Dollar.

Was daran jedoch stabil ist: Es geht seit Jahren konstant nach oben. Ein Blick in die Vergangenheit zeigt, dass jeder Mensch, der in Bitcoin investiert und vier Jahre gewartet hat, im Plus ist. Und wer acht Jahre wartet, ist reich!

Der Wert des Bitcoins

Der Bitcoin-Kurs errechnet sich nach dem Prinzip von Angebot und Nachfrage. Das bedeutet: Wenn ich einen Bitcoin verkaufen will, ist er so viel Wert, wie jemand anderes bereit ist, dafür zu bezahlen. "So weit so gut", mögen Sie denken, "das ist doch bei allen Waren so." Doch Bitcoin ist ein bisschen anders.

Denn der Clou an Bitcoin ist, dass das Angebot begrenzt ist. Es gibt also nur eine bestimmte Menge an Bitcoins. Es wird insgesamt maximal 21 Millionen geben. (Das hat mit einem Prozess namens "Mining", zu deutsch "Schürfen" zu tun. Doch dazu kommen wir später).

Die Kryptowährung "Bitcoin" wird also mit jedem neuen "Bitcoiner" (also Menschen, die BTC besitzen) wertvoller. Um das zu veranschaulichen, stellen wir uns einen leckeren Kuchen vor – der große Bitcoin-Kuchen. Nun ist dieser Kuchen so lecker, dass ihn sehr viele Menschen auf der Welt probieren möchten. Es gibt aber insgesamt gar nicht so viel Kuchenstücke! Deswegen werden die einzelnen Teile immer wertvoller und in immer kleinere Stücke aufgeteilt.

> **Die Bitcoin-Anzahl ist begrenzt. Es wird maximal 21 Millionen Bitcoin geben. Wenn sich die Nachfrage weiterhin so entwickelt, wie in den letzten Jahren, wird er immer wertvoller.**

Übrigens: Man muss keinen ganzen Bitcoin kaufen, um ein Stück vom Kuchen zu bekommen. Man kann auch Bruchstücke kaufen, etwa 0,0001 BTC. Die Nachkommastellen heißen Satoshi. So wie der Erfinder der Kryptowährung.

Das digitale Gold

Nun wissen wir, dass es nur eine bestimmte Anzahl an Bitcoin gibt und dass die einzelnen Bitcoins immer wertvoller werden. Das liegt daran, dass immer mehr Menschen darauf vertrauen, dass es sich hier um ein kostbares Gut handelt. Deswegen wird es auch immer öfter als "digitales Gold" bezeichnet. Und das hat unter anderem mit seiner Entstehung zu tun.

Bitcoins werden nämlich, ganz ähnlich wie Gold, geschürft. Allerdings nicht in echten Minen, sondern im digitalen Bereich. Im Englischen spricht man hier von "Mining". Die Menschen (oder besser gesagt Computer), die die Bitcoins schürfen, heißen analog dazu Miner.

> **Der Entstehungsprozess von Bitcoin nennt sich Mining. Wer Bitcoin "mined" (zu deutsch: "schürft"), wird mit Bitcoin belohnt.**

Dabei rechnen sie um die Wette und müssen komplizierte Rechenaufgaben lösen. Schließlich müssen sie sich ja an die Regeln halten, dass die Blockchain so sicher bleiben kann. Wenn sie die Aufgaben erfolgreich lösen, dürfen sie einen weiteren Block an die Blockchain hängen. Für ihre Mühen werden sie letzten Endes belohnt. Für jeden erfolgreich geschürften Block in der Blockchain bekommen sie eine gewisse Anzahl an Bitcoin (zur Zeit 6,25 BTC).

Bitcoin versus Gold

Die Ähnlichkeiten zwischen Bitcoin und Gold liegen auf der Hand. Beide werden geschürft, das eine digital, das andere analog. Außerdem dienen beide als Wertaufbewahrungsmittel und damit als Absicherung des Vermögens. Immer mehr Menschen greifen zu

Bitcoin, um ihr Vermögen gegen Inflation und Wertverlust zu schützen, ebenso wie es Menschen mit Gold tun.

Inzwischen gibt es jedoch erste Hinweise dafür, dass Bitcoin sogar das bessere Gold sein könnte. Als Grund dafür ist vor allem die Knappheit zu nennen. Denn die maximale Bitcoin-Menge ist, wir erinnern uns, auf 21 Millionen Einheiten festgelegt. Die Ausschüttung neuer Bitcoins ist in der Blockchain festgelegt und damit genau kalkulierbar. In regelmäßigen Abständen werden neue Bitcoins gemined, pro Block sind das aktuell 6,25 BTC. Die Menge an neuen Bitcoins wird außerdem regelmäßig halbiert.

Beim so genannten "Halving", das alle vier Jahre stattfindet, wird der Nachschub an neuen Bitcoins künstlich halbiert. Diese künstliche *Angebotsverknappung* hat letztlich auch einen Einfluss auf den Wert, der Bitcoin beigemessen wird: Ein rares Gut, das immer wertvoller wird.

Bei Gold ist die Sache hingegen nicht so eindeutig. Denn tatsächlich weiß man nichts Genaues über die Goldreserven, die noch unter der Erde schlummern. Falls jemand zum Beispiel vollkommen unerwartet auf eine neue Goldader stoßen sollte, könnte das erheblichen Einfluss auf den Goldpreis haben. Gold könnte somit das Schicksal ereilen, das wir in der Geschichte des Geldes immer wieder erlebt haben. Durch eine starke Erhöhung der Gesamtmenge könnte das Edelmetall unerwartet an Wert verlieren. 1:0 für Bitcoin.

Bitcoin - der perfekte Wertspeicher

Aber lassen Sie uns noch einmal die Eigenschaften von Bitcoin als Wertspeicher anschauen. Allgemein anerkannte Eigenschaften eines Wertspeichers sind außer der Knappheit noch die Übertragbarkeit, Teilbarkeit und die Haltbarkeit.

Wer bis hierher gut aufgepasst hat, wird es ahnen: Das Match wird sich zugunsten Bitcoins entscheiden. Denn auch in Sachen Übertragbarkeit ist Bitcoin seinem analogen Vorgänger um Längen voraus.

So kann man die digitalen Münzen in sekundenschnelle um den ganzen Globus schicken, während wir bei Goldbarren bei solch einem Unterfangen auf massive Probleme stoßen würden. Stellen Sie sich vor, sie würden versuchen, einen Goldbarren an Bekannte in einem anderen Land schicken! Wer weiß schon, ob so ein Goldtransport jemals ankommen würde? Doch selbst wenn: Es würde dann doch einige Zeit brauchen, bis das glitzernde Metall seinen Bestimmungsort erreichen würde. Mit Bitcoin geht das innerhalb von Sekunden.

Auch ist die Kryptowährung besser teilbar als Gold. Oder sagen wir: Mit weniger Aufwand. Denn beim Kauf von Bitcoin macht es in diesem Zusammenhang keinen Unterschied, ob wir 0,000001337 BTC oder einen gesamten BTC kaufen. Bei Gold ist das schon schwieriger – wer 1,256436 Gramm Gold möchte, braucht schon eine ganz genaue Waage.

Bitcoin ist besser teilbar und leichter übertragbar als Gold. Außerdem ist es knapper.

Auch in Punkto Haltbarkeit muss sich Gold geschlagen geben. So nutzt sich Goldschmuck mit der Zeit ab, verliert von seinem Glanz oder auch an Gewicht. Bitcoin hingegen ist für die Ewigkeit gemacht: Für immer in die Blockchain gemeißelt.

In einem, das muss man fairerweise einräumen, ist das analoge Gold Bitcoin noch voraus. Durch seine jahrtausendelange Verwendung und Anerkennung ist es in den Köpfen der Menschen bereits etabliert. Bitcoin hingegen hat noch einen langen Weg vor sich. Doch sollten mehr und mehr Menschen die Vorteile des digitalen Goldes für sich erkennen, ist das nur ein weiterer Punkt, der dafür spricht, sich Bitcoin in die digitale Hosentasche zu packen. Denn Bitcoin hat innerhalb von 12 Jahren bereits eine einzigartige Karriere hingelegt.

"Bitcoin regelt das!" – Was die Kryptowährung einzigartig macht

Bitcoin ist, das wissen wir bereits, dezentral, digital und fälschungssicher. Außerdem können wir es getrost als das "digitale Gold" bezeichnen. Doch die Kryptowährung bietet noch weitere Vorteile.

Finanzielle Selbstbestimmung – Be your own bank

Unter Bitcoin-Begeisterten kursiert das Bonmôt "Be your own bank". Zu deutsch: Sei deine eigene Bank. Dieser Wahlspruch steht stellvertretend für die Kryptowährung, denn sie bietet theoretisch jedem Menschen mit einem Zugang zum Internet die Möglichkeit, am Netzwerk teilzuhaben.

Und zwar ganz im Gegensatz zum internationalen Bankensystem, in dem man ohne festen Wohnsitz und häufig auch ohne geregeltes Einkommen kaum eine Chance hat, ins Finanzsystem einzutreten.

Dabei gibt es hier mehr als genug Bedarf. Nach Daten der Weltbank verfügen weltweit etwa 1,7 Milliarden Menschen über keinen Zugang zum Finanzsektor. Fast ein Viertel aller Menschen besitzt also kein Bankkonto und ist damit vom globalen Handel ausgeschlossen.

Insbesondere in Teilen des afrikanischen Kontinents stellt das Fehlen einer frei zugänglichen finanziellen Infrastruktur die Menschen vor massive Probleme. Selbst, wer über das Glück verfügt, von Verwandten aus dem Ausland unterstützt zu werden, muss einen großen Anteil seines Geldes abgeben. Denn wer kein Konto hat, muss auf große Dienstleister zurückgreifen. Und die verlangen teilweise hohe Gebühren.

> **Bitcoin kennt keine Grenzen. Wer einen Internetzugang hat, kann Bitcoin um die ganze Welt schicken!**

Aber Bitcoin regelt das. Es genügt bereits eine digitale Brieftasche ("Wallet"), um Bitcoin innerhalb von kurzer Zeit auf die Reise zu schicken. Dabei ist es ganz egal, wohin das Geld wandern soll.

Denn die Blockchain ist zu jeder Zeit von jedem Ort der Welt zugänglich – ganz ohne Filialen und Finanzdienstleister. Das Potential ist angesichts der schieren Menge an Personen ohne Bankkonto riesig.

Das beschränkt sich freilich nicht auf den afrikanischen Kontinent. Mit der Möglichkeit, Zensur resistente Bitcoins zu versenden, kann jede(r) – auch Sie – die digitalen Münzen zu jeder Zeit um die ganze Welt senden!

Digitale Knappheit

Das Internet und auch unsere Gesellschaft sind bekannt dafür, alles im Überfluss zu produzieren. Seien es Konsumgüter, Nahrung oder eben Daten im Internet; von den meisten Dingen gibt es in den westlichen Ländern so viel, dass man sich unter den Zahlen dazu kaum etwas vorstellen kann.

Auch beim Geld ist es nicht anders. Die Notenbanken können fast nach Belieben neues Geld drucken, die Geldmenge, die im Umlauf ist, lässt sich auf Knopfdruck erhöhen. Das geht zu Lasten der Gesellschaft. Denn wenn mehr Geld gedruckt wird, führt das in den meisten Fällen zu einer Inflation. Das hat wiederum zur Folge, dass man für sein Geld weniger bekommt und die Kaufkraft sinkt. Und die Gesellschaft hat kaum einen Einfluss darauf oder einen Überblick darüber, wieviel Geld die Notenbanken drucken.

Nicht so bei Bitcoin. Denn in diesem Geldsystem wird es jemals maximal 21 Millionen Bitcoins geben, danach ist Schluss. Aktuell (Stand Oktober 2021) sind 18,84 Millionen Bitcoins im Umlauf. Experten sprechen hier sogar vom knappsten Gut der Menschheit! Die Kryptowährung bietet also einen Gegenentwurf zum gewöhnlichen Geld. Im Gegensatz zu Euro, US-Dollar und Co. ist die Ausschüttung *deflationär* angelegt.

Das bedeutet auch, dass – eine gleichbleibende Nachfrage vorausgesetzt – der Bitcoin immer wertvoller wird.

Bitcoin ist digital, dezentral, Zensur resistent und deflationär.

Bitcoin ist außerdem unabhängig. Kein Verbot von Staaten oder Regulatoren hat die Macht, die Blockchain abzuschalten. Sie ist ein Uhrwerk, das sich immer weiterdreht. Damit ist die Kryptowährung auch vor Manipulation sicher. Das einzige Gesetz, dem sich Bitcoin unterwirft, ist der Computercode. Unter Bitcoinern gilt daher das Motto "Code is law" (dt: Der Code ist Gesetz).

Große Ideen – Mächtige Feinde

"Zuerst ignorieren sie dich, dann lachen sie über dich, dann bekämpfen sie dich und dann gewinnst du."

Dieser Ausspruch von Mahatma Gandhi im Zusammenhang mit der friedlichen Revolution in Indien lässt sich gut auf Bitcoin ummünzen. Denn zuerst wurde die Kryptowährung gar nicht wahrgenommen, später dann belächelt. Irgendwann haben Staaten versucht, sie zu verbieten, sind damit aber gescheitert. Und heute? Gut möglich, dass auch die friedliche Bitcoin-Revolution am Ende gewinnt. Wir werden sehen. Ich persönlich bin aber guter Hoffnung und werde wie viele andere Bitcoiner kräftig daran arbeiten.

Denn das Bitcoin-Projekt von Satoshi Nakamoto hat große Ambitionen. Mit einem dezentralen, digitalen Geldsystem bietet es eine Alternative zum derzeitigen Finanzsystem. Dieses verliert immer mehr an Vertrauen durch die Menschen und hat dennoch die ganz großen Player auf seiner Seite. Seien es Zentralbanken oder Großbanken, Konzerne, digitale Monopolisten oder Staaten wie die USA: Bitcoin hat das Potential, es mit dem etablierten Finanzsystem aufzunehmen.

Es bietet eine Alternative für all jene, die aus dem aktuellen Geldsystem herausfallen. Für die Teilnahme am Bitcoin-Netzwerk benötigt man nicht viel, außer einem Zugang zum Internet. Gleichzeitig schafft es die Möglichkeit, Geld in Sekundenschnelle um die ganze Welt zu schicken. Und zwar mit weitaus geringeren Gebühren als Western Union und Co.

Außerdem etabliert es sich mit jedem Tag mehr zu einem Wertspeicher, der Menschen vor dem Verlust der Kaufkraft des eigenen Vermögens schützen kann. Wer sein Geld in Bitcoin lagert, hat gute Chancen, dass es nach einigen Jahren (oder sogar schon in wenigen Monaten) deutlich wertvoller ist als auf dem Bankkonto.

Man denke nur an die Unsitte der Banken, Strafzinsen einzuführen! Wurde man früher noch mit Zinsen belohnt, wenn man sein Geld bei einer Bank deponierte, muss man inzwischen dafür bezahlen. Nicht so bei Bitcoin.

Die entscheidenden Fragen

Die öffentliche Wahrnehmung von Bitcoin und der Blockchain-Technologie schwankt. Manche bezeichnen es als die größte Chance des Jahrhunderts, andere als Pyramidensystem und riesigen Betrug.

Doch am besten urteilen Sie selbst. Und, um selbst urteilen zu können, ist die wichtigste Grundlage, gut informiert zu sein. Für die folgenden Kapitel schlage ich drei Leitfragen vor, die sie im Hinterkopf behalten sollten.

1. Ist die Blockchain eine "disruptive Technologie", die den heutigen Methoden ein überlegenes Modell bietet? Wir reden hier vor allem von den Anwendungsbereichen Geldtransfer, Geschäftsabwicklung, Fälschungssicherheit und sicheren Verträgen.
2. Wird Bitcoin mit seiner Knappheit, ähnlich dem Gold, ein wichtiger Wertspeicher und eine neue Asset-Klasse, so dass er als sicherer Hafen in Krisenzeiten gelten kann?
3. Hat die Kryptowährung das Potential, den Menschen wieder ein Stück Unabhängigkeit und Freiheit gegenüber Banken und Staaten zurückzugeben? Bietet Bitcoin eine Alternative für Menschen ohne eigenen Bankzugang?

Wenn Sie diese Fragen nach der Lektüre dieses Buches mit "Ja" beantworten, dann könnte es sich empfehlen, in die Materie einzusteigen. Und zwar nicht nur mental, sondern vielleicht auch mit überschaubaren Investitionen.

3. Wissen, Facts & Figures

Wer all diese Fragen für sich beantworten will, muss natürlich wissen, über was da gesprochen wird. Coin, Bitcoin-Netzwerk, Blockchain, Nodes, Kryptographie und so weiter sind noch Fremdworte für Sie? Kein Problem.

Auf den folgenden Seiten klären wir gemeinsam die wichtigsten Begriffe rund um Bitcoin. Und zwar so einfach wie möglich und nur so kompliziert wie nötig! Denn nur wenn die Grundbegriffe klar sind und die Zusammenhänge verstanden werden, kann man das Geniale und Bahnbrechende von Satoshi Nakamotos Idee verstehen und wertschätzen. Bei einer neuen Technologie ist es wie mit einer Fremdsprache: Ohne ein bisschen Vokabeln lernen geht gar nichts.

Aber es wird sich lohnen. Je besser Sie die wichtigsten Begriffe verstehen, umso informierter können Sie Chancen und Risiken von Bitcoin und dieser neuen Technologie namens Blockchain beurteilen.

Der Siegeszug der Distributed-Ledger-Technologien

"Distributed Ledger" kann man zunächst als ein verteiltes ("Distributed") Kontenbuch ("Ledger") übersetzen. Die Distributed-Ledger-Technologie ist damit eine dezentrale Datenbank. Das bedeutet, dass sie den Teilnehmern am Netzwerk erlaubt, gemeinsam auf die Datenbank zuzugreifen. Kommt Ihnen bereits bekannt vor? Sehr gut. Denn das Bitcoin-Netzwerk ist als Blockchain eine bestimmte Form der Distributed-Ledger-Technologie.

Das besondere an solchen verteilten Konten ist es unter anderem, dass es keine *zentrale Instanz* benötigt, um Zugriff zu gewähren.

Vielmehr können die einzelnen Teilnehmer Datensätze hinzufügen, ohne dass es eine Institution wie etwa eine Bank erlauben muss. Das Netzwerk aktualisiert sich immer selbst, so dass alle Teilnehmer stets die aktuellste Version der Datenbank haben. Die Regeln sind im Netzwerk festgelegt, das selbst dafür sorgt, dass sie eingehalten werden. Dafür kommen bestimmte Konsensmechanismen wie etwa "Proof of Work" oder "Proof of Stake" zum Einsatz.

Die Bitcoin-Blockchain ist eine bestimmte Art von Distributed-Ledger-Technologie.

Je nach Einsatzgebiet können solche Distributed Ledger unterschiedlich gestaltet werden. Hat man es wie bei der Bitcoin-Blockchain mit einem offenen Zugang für jedermann zu tun, spricht man von einer "unpermissioned" Ledger. Möchte man den Zugang jedoch auf einen bestimmten Personenkreis beschränken, spricht man von "permissioned", also zugangsbeschränkten Ledgern.

Das ist zum Beispiel sinnvoll, wenn ein Unternehmen nur bestimmte, sensible Informationen mit einem ausgewählten Kreis an Personen, etwa den eigenen Mitarbeitern teilen möchte.

Dadurch, dass Distributed-Ledger-Technologien den Weg über Mittelsmänner und zentrale Institutionen auslassen, können sie gerade in der Industrie viel Kosten und Zeit sparen. Beliebte Einsatzgebiete der Technologie sind etwa in der Logistik, in der Automobilbranche oder auch in der Energiewirtschaft.

Grundbegriffe. Kurz und knapp.

Adresse Die Bitcoin-Adresse ist ähnlich wie die Kontonummer bei Banken. Mit ihr kann man BTC senden und empfangen.

Allzeithoch (oft auch "All time high") bezeichnet den höchsten Kurs, der jemals für ein Asset gezahlt worden ist. Das Allzeithoch von Bitcoin liegt bei 64,805.00 US-Dollar und wurde am 14.04.2021 aufgezeichnet.

Altcoin ist ein Kofferwort aus "alternative" und "Coin" und bezeichnet alle anderen Kryptowährungen außer Bitcoin.

Asset ist das englische Wort für Vermögenswert. Dabei handelt es sich üblicherweise um Aktien, Devisen und Immobilien. Doch auch Kryptowährungen wie Bitcoin werden als Assets bezeichnet.

Bärenmarkt bezeichnet eine Marktphase, in der die Kurse tendenziell fallen. Die Stimmung unter Anlegern ist "bearish".

Bitcoin (BTC) ist die bekannteste und älteste Kryptowährung. Sie wurde von Satoshi Nakamoto entwickelt.

Bitcoin ATM Ein Bitcoin ATM ist ein Automat, an dem man BTC gegen Fiat-Geld tauschen kann.

Block Ein Block ist ein Teil einer Blockchain. Jeder Block enthält wichtige Informationen über Transaktionen im Netzwerk.

Blockchain Die Blockchain ist die technologische Grundlage von Bitcoin. Um genau zu sein ist Bitcoin eine Blockchain. Die Blockchain ist eine Art digitales Buch, das Informationen über die Transaktionen enthält.

Block Reward Der Block Reward ist die Belohnung, die Miner dafür bekommen, dass sie das Bitcoin-Netzwerk am Laufen halten. Sie besteht aus derzeit 6,25 BTC und den Transaktionsgebühren.

Borrowing Das Verleihen von Kryptowährungen, wofür man Geld bekommt. (Siehe auch "Lending").

Bullenmarkt Der Bullenmarkt ist das Gegenstück zum Bärenmarkt. Die Kurse steigen und die Stimmung ist "bullisch".

Collateral Betrag in einer bestimmten Kryptowährung, den man als Sicherheit hinterlegt, wenn man sich Geld im Bereich der dezentralisierten Finanzwirtschaft (DeFi) leiht.

Cold Wallet Eine Cold Wallet gilt als sichere Möglichkeit, um seine Bitcoins aufzubewahren. Die notwendigen Informationen werden dabei offline gespeichert.

dApp Eine dApp ist – analog zur App auf Smartphones – ein Programm, das auf dezentralen Netzwerken läuft.

Dezentralisierung Die Dezentralisierung beschreibt das Grundprinzip hinter Bitcoin. Statt einem zentralen Mittelpunkt wie etwa einer Bank besteht Bitcoin aus einem Netz aus Rechnern, die auf der ganzen Welt verteilt sind. Das System ist **dezentral**.

Decentralized Finance (DeFi) Die dezentralisierte Finanzwirtschaft beschreibt alle dezentralen Anwendungen, die sich rund um Bitcoin & Co. im Bereich der Finanzen gebildet haben.

Distributed-Ledger-Technologie (DLT) Distributed-Ledger-Technologien sind dezentrale Systeme, zu denen auch die Bitcoin-Blockchain gehört.

Double Spending Double Spending beschreibt die Möglichkeit, digitales Geld doppelt auszugeben. Dieses Problem wird bei Bitcoin durch den Proof-of-Work-Konsensmechanismus gelöst.

Ethereum ist das zweitgrößte Blockchain-Projekt im Krypto-Space. Es fokussiert sich auf "Smart Contracts", also programmierbare Verträge. Die zugehörige Kryptowährung heißt Ether (ETH).

ERC-20-Token Ein ERC-20-Token ist der Token-Standard auf der Ethereum-Blockchain.

Fear of Missing Out (FOMO) beschreibt die Angst, etwas zu verpassen. Anlegerstimmung, die zu überstürzten Handlungen verleitet.

Fear, Uncertainty and Doubt (FUD) bezeichnet ein Zusammenspiel aus Angst, Unsicherheit und Zweifeln. Grundhaltungen, die Anleger dazu verleitet, ihre Assets in einer unruhigen Marktlage überstürzt zu verkaufen.

Fiat(geld) Von lat: fiat = "es werde". Bezeichnung für traditionelle Währung wie US-Dollar, Euro oder Chinesischer Yuan.

Fungibilität beschreibt die Eigenschaft von Geldeinheiten, untereinander austauschbar zu sein.

Futures Deutsch: Terminkontrakte. Möglichkeit, um Wetten für künftige Kursereignisse abzuschließen.

Genesis-Block Der erste Block in der Blockchain.

Halving Die "Bitcoin-Halbierung" findet etwa alle vier Jahre statt. Dabei wird der Angebotsnachschub an neuen BTC um die Hälfte verkürzt.

Handelsvolumen Die Menge von gehandelten Gütern in einem bestimmten Zeitraum. Gibt Hinweise darauf, wie verbreitet eine bestimmte (Krypto-)Währung oder ein bestimmtes Wirtschaftsgut ist.

Hash Digitaler Fingerabdruck, der unter anderem für die Sicherheit im Bitcoin-Netzwerk verantwortlich ist.

Hash Rate Die Hash Rate misst die Rechenleistung in Netzwerken wie Bitcoin.

Hodl ist ein Trendwort im Krypto-Slang. "Hodler" halten Bitcoin für eine unbestimmte Zeit, ohne sie zu verkaufen. Sie "hodln".

Hot Wallet Möglichkeit, um Kryptowährungen online aufzubewahren.

Initial Coin Offering (ICO) beschreibt ein Ereignis, bei dem eine neue Kryptowährung oder ein neuer Token herausgegeben wird. (In Anlehnung an den Börsengang "Initial Public Offering" an der traditionellen Börse).

Initial Public Offering (IPO) Börsengang: Ereignis, bei dem ein Unternehmen an die Börse geht und dabei Aktien herausgibt.

Know Your Customer (KYC) Zu deutsch: Kenne deine(n) Kunden. Verpflichtung für Kryptobörsen, die Identität ihrer Kunden zu überprüfen.

Konsensmechanismus ist die Art und Weise, durch die die Teilnehmer in einem Netzwerk zur Übereinstimmung ("Konsens") kommen.

Krypto-Lending Möglichkeit, sein Kryptovermögen zu verleihen, um damit weiteres Einkommen zu erzielen.

Kryptographie Verschlüsselungstechnik. Ermöglicht es, Informationen im Verborgenen zu übertragen.

Kryptowährung Digitale Währung, die die Kryptographie zur Grundlage hat.

Lending ist das Verleihen von Kryptowährungen gegen Hinterlegen einer Sicherheit.

Lightning Network Ein Netzwerk, das darauf ausgelegt ist, Zahlungen mit Bitcoin schneller zu machen.

Liquidität Genügend Liquidität zu haben, bedeutet, über ausreichend "flüssige" Geldmengen zu verfügen, um Zahlungsverpflichtungen nachkommen zu können.

Marktkapitalisierung beschreibt die Geldmenge einer Kryptowährung, die insgesamt im Umlauf ist. Sie errechnet sich aus der Token-Menge und dem aktuellen Kurs.

Masternode Masternodes (zu deutsch etwa "Meisterknoten") sorgen dafür, dass das Bitcoin-Netzwerk weiterläuft. Sie speichern die gesamte Geschichte der Blockchain ab.

Mining (deutsch: "Schürfen") ist der Prozess, bei dem neue Bitcoins "auf die Welt kommen". Dabei errechnen Miner ("Schürfer") neue Blöcke, die an die Blockchain geheftet werden. Sie bekommen für ihre Arbeit BTC als Belohnung.

Mining Difficulty Die Difficulty (deutsch: "Schwierigkeit") beschreibt, wie kompliziert es ist, neue Bitcoins zu "schürfen".

Miner Die Miner (zu deutsch: "Schürfer") sind ein Netzwerk aus Computern. Sie lösen Rechenaufgaben, um neue Blöcke an die Blockchain zu hängen. Dafür bekommen sie den "Block Reward" als Belohnung.

Mining. Die Tätigkeit der Miner (s.o.).

Mining Farm Eine Mining Farm ist eine Ansammlung von Geräten, die Bitcoin schürfen. Meistens stehen sie in Hallen.

Mining Pool Ein Zusammenschluss aus verschiedenen Geräten, um gemeinsam Bitcoin zu minen.

Mining Reward Die Belohnung für Miner. Wenn sie einen richtigen Block finden, bekommen sie dafür Bitcoins und Transaktionsgebühren.

Mittelsmann Vermittler zwischen zwei Parteien. Im Finanzbereich sind zum Beispiel Banken die Mittelsmänner.

Non Fungible Token (NFT) Digitale Sammlerstücke in Token-Form. Sie bilden zum Beispiel Anteile an berühmten Kunstwerken ab.

Off Chain Eine Transaktion ist "off chain", wenn sie außerhalb der Blockchain abgewickelt wird.

Open Source – zu deutsch "quelloffen" – bedeutet bei einer Software, dass alle Menschen darauf Zugriff haben.

Paperwallet Eine Möglichkeit, um die digitalen Schlüssel zu seinen Bitcoins sicher aufzubewahren.

Peer to Peer In Peer-to-Peer-Netzwerken treten die Teilnehmer direkt miteinander in Kontakt. Sie benötigen dazu keine Mittelsmänner.

Private Key Der "private Schlüssel" ist eine Art Passwort, mit dem man immer Zugriff auf seine Bitcoins hat – ganz egal von wo.

Proof of Work Konsensmechanismus im Bitcoin-Netzwerk. Sorgt für Einstimmigkeit, indem die einzelnen Parteien nachweisen ("proof"), dass sie Arbeit ("work") geleistet haben.

Protokoll Das Netzwerkprotokoll enthält die Regeln, nach der das Netzwerk funktioniert.

Pyramidensystem oder auch "Schneeballsystem" ist ein Geschäftsmodell, das eine stetig wachsende Anzahl an Teilnehmern benötigt, um zu funktionieren.

Satoshi. beschreibt die kleinste Einheit im Bitcoin-System. 1 Bitcoin hat 100 Millionen Satoshis. Satoshis sind also ähnlich wie die Cents beim Euro, nur dass es sehr viel größere Nachkommastellen gibt.

Satoshi Nakamoto ist der oder die unbekannte Erfinder(in) von Bitcoin. Bis heute weiß niemand, wer Satoshi wirklich ist.

Security Token Ein Security Token ist ein digitales Wertpapier.

Security Token Offering (STO) Event, bei dem Security Token (s.o.) herausgegeben werden.

Single Point of Failure bezeichnet einen zentralen Angriffspunkt, bei Computersystemen sind das oft einzelne Server.

Smart Contract "Intelligenter Vertrag", der automatisch ausgeführt wird, sobald bestimmte Ereignisse auftreten.

Stablecoins sind digitale Münzen, die einen festen, gleichbleibenden Wert abbilden. Es gibt zum Beispiel Stablecoins, die an den US-Dollar gekoppelt sind und dementsprechend eine Wertstabilität zur US-amerikanischen Währung versprechen.

Stock-to-Flow-Ratio Die Stock-to-Flow-Ratio beschreibt die Seltenheit eines Gutes.

Store of Value ist das Wertversprechen beziehungsweise die Wertspeichereigenschaft eines Gutes.

Supply Chain Deutsch: "Lieferkette" ist ein Netzwerk, indem Unternehmen an den verschiedenen Prozessen beteiligt sind.

Tether ist der bekannteste Stablecoin (s.o.). Ein Tether (USDT) verspricht, immer einen US-Dollar wert zu sein.

Token Ein Token ist eine Einheit. Besitzer eines Tokens bekommen durch den Besitz bestimmte Rechte. Dieses Recht ist klassischerweise eine Zahlung.

Token Sale Ein Token Sale bezeichnet die Herausgabe neuer Token.

Transaktion Eine Transaktion ist ähnlich wie eine Überweisung und bezeichnet das Versenden von Bitcoins oder anderen Kryptowährungen.

Transaktionsgebühr Das Geld, das man dafür bezahlen muss, um eine Transaktion (s.o.) durchzuführen.

Volatilität beschreibt die Kursschwankungen eines bestimmten Assets, zum Beispiel von Bitcoin. Eine hohe Volatilität bedeutet, dass der Kurs stark schwankt.

Wal Als "Bitcoin-Wal" bezeichnet man Menschen beziehungsweise Adressen, die eine große Menge an BTC besitzen.

Wallet Die Wallet ist die digitale Brieftasche, auf der man Kryptowährungen wie Bitcoin aufbewahren kann.

White Paper Das White Paper von Bitcoin enthält die technischen Grundlagen und die Grundidee für Bitcoin.

Zentralisierung Zentralisierte Systeme haben eine feste Mitte. Gerade in Computer-Netzwerken gibt es dadurch Schwachstellen, die Angreifer ausnutzen können.

Blockchain hui, Bitcoin pfui?

Der Siegeszug der Blockchain-Technologie scheint bisweilen fast unaufhaltbar. Eine wachsende Anzahl namhafter Konzerne entdeckt die Vorteile der dezentralen Technologie. So werden bereits komplette Arbeitsbereiche, etwa im Bereich Lieferketten oder auch der Energiewirtschaft auf die Blockchain-Technologie ausgelagert. Doch immer wieder stößt man, vor allem in Deutschland, auf Widerstände, wenn es um Bitcoin geht. Dann heißt es schnell, dass man es hier mit hohen Kursschwankungen zu tun habe, die Technologie nicht sicher sei oder gar von Kriminellen verwendet würde.

Was dabei jedoch leider allzu oft übersehen wird, ist die Tatsache, dass es ohne Bitcoin die Blockchain-Technologie in ihrer aktuellen Form vermutlich nicht geben würde. Denn Bitcoin ist der allererste und wohl berühmteste, vielleicht auch genialste Anwendungsfall für die Blockchain-Technologie.

Daher nimmt die Kryptowährung von Satoshi Nakamoto auch eine wichtige Vorreiterrolle ein, die man bei solchen Diskussionen nicht vergessen darf. Und auch was die Kursschwankungen angeht, muss man bisher sagen: Auf lange Sicht haben bisher noch alle, die nicht zu früh verkauft haben, Gewinne mitnehmen können.

Doch es geht nicht nur darum. Vielmehr geht es bei Bitcoin auch um die Möglichkeit, den zentralisierten Monopolisten nach und nach etwas von ihrer Macht zu nehmen. Und diese Macht sollte zurückgehen an die einzelnen Menschen, jene die unter der Zentralisierung und den Monopolen dieser Welt leben und leiden.

Bitcoin – keine anonyme digitale Währung

Gerade in Medienberichten wird Bitcoin immer wieder als anonym bezeichnet. Dadurch, so der häufige Tonus, sei die Kryptowährung besonders gut für illegale Aktivitäten geeignet. Geldwäsche und Terrorfinanzierung – so der sich immer wiederholende Vorwurf – sei durch Bitcoin möglich.

Diese Behauptungen liegen allerdings einem Missverständnis auf. Denn Bitcoin ist, entgegen allen Behauptungen, *nicht* anonym. Vielmehr spricht man bei Bitcoin von einer Pseudo-Anonymität.

Bitcoin-Adressen bestehen zunächst aus einer Aneinanderreihung von Buchstaben und Zahlen, man nennt die Adressen daher auch "alphanumerisch". Wer sich also Bitcoin-Transaktionen auf der Blockchain anschaut, erhält lediglich Informationen über den Zeitpunkt und die Höhe der jeweiligen Transaktionen.

Das lässt aber noch keinen Schluss darauf zu, wer hinter den jeweiligen Überweisungen tatsächlich steckt. Die Bitcoin-Adresse ist also mit einer IBAN bei Bankkonten zu vergleichen. Auf den ersten Blick weiß man nicht, wer dahintersteckt. Doch mit etwas Aufwand können Behörden häufig dahinterkommen, wer sich hinter den Adressen verbirgt.

Bitcoin ist nicht anonym. Bitcoin ist pseudo-anonym.

Gerade Bitcoin-Börsen und andere Handelsplätze, auf denen man Bitcoin kaufen kann, sind dazu verpflichtet, die Know-Your-Customer-Richtlinien (KYC) zu befolgen. Das bedeutet, dass sich jeder, der sich auf einer solchen Plattform registriert, mit vollständigem Namen und Adresse registrieren muss. Und hier ist dann auch der "missing link" zwischen der scheinbar anonymen Bitcoin-Adresse und den Menschen dahinter zu finden.

Das hat in der Vergangenheit immer wieder zu spektakulären Fahndungserfolgen der Behörden geführt. So waren immer wieder auch Kriminelle dem Trugschluss aufgesessen, Bitcoin sei anonym. Doch die Behörden konnten sie dank der Transparenz der Blockchain dann letzten Endes doch aufspüren.

Bitcoin, Proof of Work und der Energieverbrauch – ein unlösbares Problem?

Wer sich eingehend mit Bitcoin beschäftigt, wird früher oder später auf das Problem des hohen Energieverbrauches stoßen. So gehen Berechnungen der University of Cambridge etwa davon aus, dass Bitcoin (Stand 2021) 88,82 Terrawattstunden Strom verbraucht – das ist grob das 1,5fache der kompletten Schweiz. Solche Vergleiche setzen sich im kollektiven Gedächtnis fest, sie sind plakativ und einprägsam. Man fragt sich unweigerlich: Darf eine Währung beziehungsweise ein Asset oder eine Vermögensanlage so viel Energie verbrauchen?

> **Bitcoin benötigt viel Energie für seinen Konsensmechanismus. Dieser sorgt für die Sicherheit im Netzwerk.**

Zunächst müssen wir uns hierzu den Grund für den hohen Stromverbrauch bei Bitcoin anschauen. Dieser speist sich aus dem hohen Rechenaufwand, den das Netzwerk betreibt, um sicher zu bleiben. Beim so genannten Proof-of-Work-Konsensmechanismus müssen Computer komplizierte Rechenaufgaben lösen, um damit sicherzustellen, dass nur geprüfte Transaktionen in die Blöcke der Blockchain eingemeißelt werden. (Für alle Profis: Dieser Vorgang ist stark vereinfacht dargestellt. Korrekt ausgedrückt konkurrieren die verschiedenen Nodes darum, einen gültigen Block des Block Headers zu finden, der kleiner als das Difficulty Target ist). Dadurch ist sie fälschungssicher und nicht manipulierbar! Ein Feature, das Bitcoin-Enthusiasten anführen, um den Energieverbrauch zu rechtfertigen. Doch reicht das aus?

Kritiker wenden schnell ein, dass sich Bitcoin bis jetzt kaum als Zahlungsmittel durchsetzen konnte und seine bloße Verwendung zur Aufbewahrung von Wert kaum einen so großen Energieverbrauch rechtfertigt.

Hier stellen sich Grundsatzfragen: Woher nimmt man den Anspruch, Energie zu verbrauchen? Was ist mit Kreditkartenfirmen, dem Schürfen von Gold und Silber, der Waffenindustrie oder Flugreisen von Politikern? Hat da das Erschaffen einer fälschungssicheren und dezentralen Kryptowährung, die das Potential hat, Reichtum umzuverteilen, nicht auch einen Anspruch darauf, Energie zu verbrauchen? Bei solchen Fragen zeichnet sich bereits ab, dass die Energiedebatte rund um Bitcoin eine Frage ist, die jeder für sich selbst beantworten muss.

Eine wichtige Frage, die zudem häufig unberührt bleibt, ist die Frage nach der Herkunft des Stroms, der für das Mining benötigt wird. Denn Zahlen zum Stromverbrauch sagen nur wenig über den Ausstoß von CO_2 aus – und darauf kommt es letzten Endes an.

Da das Feld des Minings so unübersichtlich und dezentral ist, lassen sich hier nur Schätzungen anführen. CoinShares schätzt, dass etwa 74 Prozent des Mining-Stroms aus erneuerbaren Energien stammt. Die Cambridge University kommt hingegen in einer Studie aus dem Jahr 2020 auf 39 Prozent.

Erneuerbare Energien hin oder her – das Problem ist da und jeder einzelne muss sich der Debatte stellen. Doch die Frage läuft letzten Endes auf einen Punkt hinaus: Es kommt auf den Mehrwert an, den man in Kryptowährungen und allen voran Bitcoin sieht – oder eben nicht. Wer in Bitcoin absolut keinen Sinn sieht und keinen Bedarf hat, am aktuellen Geldsystem etwas zu ändern, für den wird der Energieverbrauch von Bitcoin zweifelsohne zu hoch sein.

Wer jedoch daran glaubt, dass das Finanzsystem in seiner aktuellen Form keinen Bestand hat, zu Ungerechtigkeit führt und wir einen alternativen Wertspeicher brauchen, für den mag sich der Energieverbrauch rechtfertigen. Auch das derzeitige Geldsystem schluckt eine Menge Energie. Allein der Unterhalt der weltweiten Banken und Börsen mit unzähligen Gebäuden und Millionen von Mitarbeitern frisst massig Energie. Würde man einen Teil dieser Banken einsparen und stattdessen auf dezentrale Systeme setzen, könnte man sogar Energie einsparen.

Doch auch für Menschen, die auf der einen Seite mit dem eigenen CO_2-Fußabdruck hadern, jedoch auch Teil des Bitcoin-Netzwerks sein wollen, gibt es Möglichkeiten, hier einen Ausgleich zu schaffen. Als erstes kommen Projekte wie www.atmosfair.de in den Sinn. Hier kann jeder mit einer Spende für eine CO_2-Kompensation sorgen und Projekte fördern, mit denen weltweit Kohlenstoffdioxid gespart wird.

Das macht das bereits ausgestoßene CO_2 zwar nicht zunichte. Dennoch sorgt es dafür, dass die Zukunft etwas grüner wird. So lassen sich Anteile von Gewinnen, die durch Kryptowährungen entstehen, sinnvoll anlegen. Obendrein kann man dadurch die Steuerlast senken – denn solche Beiträge zur CO_2-Kompensation gelten vor dem Finanzamt wie herkömmliche Spenden.

Auch die eigene Lebensweise lässt sich kritisch betrachten – vielleicht kann man ja an der einen Stelle eine Flugreise oder eine Autofahrt sparen? Gibt es vielleicht unnötige Energiefresser, die man sich sparen kann? Wer das Geld stattdessen in ein alternatives Geldsystem steckt und damit einen Teil der Gewinne spendet, hat schon viel gewonnen. Nicht nur für sich, sondern auch für seine Umwelt.

Fazit

Bevor es nun weitergeht, sollten wir kurz innehalten. Nachdem wir im ersten Kapitel etwas über die Geschichte des Geldes und die Tücken der Inflation gelernt haben, konnten wir im zweiten Kapitel nachvollziehen, dass sich mit Bitcoin eine Revolution im Geldwesen anbahnt.

Diese neue digitale Währung hat die Möglichkeit, Wert aufzubewahren und scheint damit, so zeichnet es sich ab, sogar besser zu sein als Gold. Im dritten Kapitel konnten wir einiges über die grundlegende Technologie hinter Bitcoin lernen - die Distributed-Ledger-Technologie. Als solche tritt die Bitcoin-Blockchain an, um eine neue Antwort auf die Vertrauensfrage im Geldsystem zu geben. Im folgenden Kapitel wird es etwas technisch - gemeinsam schauen wir uns das legendäre White Paper von Satoshi Nakamoto an: Die Blaupause für das digitale Gold, das Papier, das den Stein ins Rollen gebracht hat.

4. Satoshi Nakamotos "White Paper" – Die Lösung für die Kernfragen einer soliden Finanzwirtschaft

Satoshi Nakamoto erläutert in seinem White Paper die Grundzüge eines Geldsystems, das es in sich hat. Unter dem Titel "Bitcoin: A Peer-to-Peer Electronic Cash System" präsentiert er die Blaupause für eine digitale Währung, wie sie die Welt noch nicht gekannt hatte. Es ist eine der besten, klarsten und grundlegendsten Anleitungen, wie die Menschen den Fehlentwicklungen in der Finanzwirtschaft entgegenarbeiten können. Lesen lohnt sich auf jeden Fall!

Und es sind ja nur 9 Seiten! Das Problem dabei: Die haben es in sich, man muss schon eine Fachfrau oder Fachmann sein, um da durchzublicken. Deswegen werden wir uns im Folgenden die wichtigsten Aspekte herauspicken und versuchen, sie auch für Fachfremde verständlich zu machen. Los geht's.

Bitcoin: A Peer-to-Peer Electronic Cash System

Schon die Überschrift hat es in sich. Ein "Bit" steht hier nicht etwa für eine bekannte Biermarke. Viel eher ist es eine Maßeinheit im Bereich des Elektronischen, der Zentimeter der Computer wenn man so will. "Coin" ist die Münze. Und da haben wir sie schon: Bitcoin, die elektronische Münze.

Ein Bitcoin ist eine elektronische Münze.

Ein "Peer-to-Peer"-Netzwerk ist ein Netzwerk, indem die einzelnen Teilnehmer direkt miteinander in Kontakt treten. Sie benötigen niemanden, der zwischen ihnen vermittelt – wir bezeichnen es deshalb auch als de-zentral.

Bleibt noch eins. Das "Electronic Cash System" lässt sich mit "elektronisches Geldsystem" übersetzen. Geld also, das elektronisch funktioniert, anders als unser Papiergeld. Wenn wir diese drei Bausteine zusammensetzen, haben wir auch schon die Essenz von Bitcoin erfasst:

> **Bitcoin ist ein elektronisches Geldsystem, das auf einem Peer-to-Peer-Netzwerk aufbaut.**

Und weiter im Text.

"Überblick. Eine reine Peer-to-Peer-Version eines elektronischen Zahlungsverfahrens würde es ermöglichen, dass Online-Zahlungen von einer Partei direkt an eine andere gesendet werden, ohne über ein Finanzinstitut zu gehen."

Die aufmerksame Leserschaft weiß es bereits: Bitcoin kommt ohne Vermittler aus. Das heißt, dass das digitale Geld keine Bank benötigt, die sich zwischen die Menschen stellt. Jeder Mensch auf der Welt ("Partei") kann zu jeder Zeit Geld an eine andere Person irgendwo auf der Welt senden.

"Digitale Signaturen bilden einen Teil der Lösung, aber die Hauptvorteile gehen verloren, wenn weiterhin eine vertrauenswürdige dritte Partei notwendig ist, um Double Spending (Mehrfachausgaben) zu verhindern. Wir schlagen eine Lösung für das Double-Spending-Problem vor, indem wir ein Peer-to-Peer-Netzwerk benutzen."

Das Problem, das sich bei elektronischen Zahlungen *ohne* Mittelsmann auftut, nennt sich das "Double-Spending-Problem". Denn keiner kann kontrollieren, dass die einzelnen Teilnehmer ihr Geld nicht doppelt ausgeben. Bis jetzt. Doch Bitcoin regelt das – innerhalb des Netzwerkes.

"Das Netzwerk gibt Transaktionen einen Zeitstempel, indem es sie in eine fortlaufende Kette von Hash-basierten Arbeitsbeweisen (Proof-of-Work) hasht und so eine Aufzeichnung erzeugt, die nicht geändert werden kann, ohne den Proof of Work neu zu erzeugen."

Man darf es ihnen nicht verdenken, wenn Sie spätestens jetzt sagen: "Hä?". Doch auch diese Nuss können wir knacken. Lassen Sie uns kurz einen Schritt zurückgehen und zusammenfassen. Wir haben ein elektronisches Netzwerk mit digitalen Münzen, die sich Bitcoins nennen. Dieses Netzwerk will es schaffen, ohne eine Bank auszukommen. Doch nun steht es vor einem Problem: Wer überprüft nun, ob die Menschen ihr Geld nicht einfach doppelt und dreifach ausgeben?

Die Antwort lautet: Das Netzwerk selbst. Genauer gesagt: Die Technologie. Noch genauer gesagt: Die Blockchain-Technologie. Und das funktioniert so:

Um sicherzustellen, dass alles seine Richtigkeit hat, heftet das Netzwerk an jede Überweisung ("Transaktion") die aktuelle Uhrzeit ("Zeitstempel") und hängt sie aneinander, so wie bei einer Perlenkette. Dazu muss sie jedoch einen Beweis bringen – den so genannten "Proof of Work". Wenn nun genug Überweisungen zusammenkommen, werden diese in einen Block gepackt und an die Kette gehängt. Und wenn ein Block einmal an der Kette hängt, kann man nicht mehr ablösen.

Das Geniale dabei: Je länger die Kette wird, umso sicherer wird sie. Denn jeder neue Block enthält Informationen über die gesamte Geschichte aller Transaktionen.

"Die längste Kette dient nicht nur als Nachweis für die Sequenz bezeugter Ereignisse, sondern auch als Beweis, dass sie vom größten Pool an CPU-Leistung stammt."

Es gibt bei der Bitcoin-Blockchain also immer nur *eine* gültige Version. Das ist die mit der größten Länge. Das schützt die Technologie auch vor Angreifern. Böswillige Angreifer müssten über 50 Prozent der Rechenstärke des gesamten Netzwerkes für sich beanspruchen, um die "Kette knacken" zu können.

"Solange der Großteil der CPU-Leistung von Nodes kontrolliert wird, die nicht kooperieren, um das Netzwerk anzugreifen, werden diese die längste Kette generieren und schneller sein als die Angreifer. Das Netzwerk selbst erfordert nur eine Minimalstruktur. Nachrichten werden auf Best-Effort-Basis übertragen und die Nodes können das Netzwerk beliebig verlassen und wieder betreten, da sie die längste Proof-of-Work-Kette als Beweis darüber akzeptieren, was geschah, während sie weg waren."

Nun kommen wir also zu den Nodes, auf deutsch kann man sie auch als "Netzwerkknoten" bezeichnen. Sie sorgen dafür, dass das Netzwerk stabil und sicher bleibt. Noch so etwas Geniales an der Blockchain: Die Nodes sind nicht festgeschrieben, jeder Mensch, der mittels Computer die nötige Energie aufbringt, kann auch als Node auftreten.

Man kann sich die Blockchain in diesem Sinne wie eine Bahnstrecke mit sehr vielen Bahnhöfen vorstellen - jeder kann einsteigen und ein Stück weit mitfahren. Wann man wieder aussteigt, liegt in der eigenen Entscheidung.

Denn die Blockchain bietet beliebige Anknüpfungspunkte, an der Nodes andocken können. Dann müssen sie nur genug arbeiten und werden Teil des Netzwerks. Doch dazu müssen sie auch beweisen, dass sie arbeiten. Dieser Beweis heißt "Proof of Work".

Dabei lösen sie Rechenaufgaben, die so kompliziert sind, dass das Bitcoin-System bombensicher ist.

"Was benötigt wird, ist ein elektronisches Zahlungssystem, das auf einem kryptografischen Beweis statt auf Vertrauen basiert, wodurch zwei bereitwillige Parteien direkt miteinander arbeiten können, ohne, dass eine vertrauenswürdige dritte Partei benötigt wird."

Nur so wird es möglich, dass ein Geldsystem existieren kann, das komplett ohne eine Bank oder einen Staat auskommt. Das einzige, auf das die Menschen vertrauen müssen, ist die Technologie.

5. Blockchain-Technologie: Das "neue Internet"

Es wird inzwischen deutlich: Bitcoin löst die Vertrauensfrage auf eine neue, nie dagewesene Art und Weise. Als digitales Gold überschreitet die Kryptowährung Grenzen und steht dabei jedem offen, der Teil des Netzwerkes werden möchte. Und die Menschen, die vom Bitcoin-Netzwerk überzeugt sind, werden mit jedem Tag mehr.

Viele von diesen Bitcoin- und Blockchain-Enthusiasten sind überzeugt davon: Die neuen dezentralen Technologien werden unsere Gesellschaft verändern. So gibt es immer wieder Menschen, die die aktuelle Entwicklung der Blockchain-Technologie mit dem Internet der 90er Jahre vergleichen.

Damals begriffen die Menschen kaum, wie tiefgründig das Internet unsere Gesellschaft verändern würde. Es gab ein paar wenige Visionäre, die begriffen, dass Unternehmen wie Amazon, Google, Ebay und Co. die Zukunft gestalten würden.

Doch es gab auch viele, die die neue Technologie belächelten oder gar verspotteten. Wird es uns mit der Blockchain-Technologie genauso gehen? Schauen wir uns die Möglichkeiten, die die Technologie bietet, einmal genauer an.

Blockchain-Technologie: Ein Game-Changer

Um Missverständnisse zu vermeiden: Dieses Kapitel wird die Blockchain-Technologie an sich betrachten – hier geht es weniger um Bitcoin. Denn Bitcoin ist, im Sinne einer Finanztechnologie nur eine von vielen Anwendungsfällen für die Blockchain.

Dennoch lohnt es sich, uns einige Vorteile in Erinnerung zu rufen, die die Blockchain-Technologie beim Anwendungsfall Bitcoin bietet. Sie ist dezentral, nicht manipulierbar, transparent und benötigt keine Mittelsmänner. Gerade letztere Eigenschaft verschafft ihr zahlreiche Anwendungsfälle in der Industrie und der Gesellschaft. Im Folgenden schauen wir uns einige beispielhafte an.

Logistik: Ressourcen und Umwege sparen

Die Logistik gilt als Paradebeispiel, wenn es um Anwendungen für die Blockchain-Technologie geht. Durch den Einsatz der dezentralen Technologie kann man nicht nur die Geschwindigkeit, sondern auch die Sicherheit beim Austausch von Informationen erhöhen. So können Unternehmen, Verbraucher und Lieferanten effizienter kommunizieren – und sie benötigen keine Drittpartei, die sich dazwischenschaltet!

Alle Beteiligten haben dabei Zugriff auf dieselben Informationen. Außerdem aktualisiert sich das Netzwerk, sobald einzelne Teilnehmer neue Daten eingeben. Manipulationen oder fehlerhafte Informationen gehören damit der Vergangenheit an.

Außerdem können Logistikunternehmen beim Blockchain-Einsatz auf "Smart Contracts" setzen. Dabei handelt es sich um programmierbare Verträge. Diese werden ausgeführt, sobald bestimmte Ereignisse eintreten.

Gesundheitswesen

Auch im Gesundheitswesen kann man die Blockchain-Technologie einsetzen. Hier kann man am ehesten auf "private Blockchains" setzen. Diese werden so eingerichtet, dass nur Menschen darauf zugreifen können, die eine Berechtigung dafür haben, zum Beispiel Ärzte. Auf der Blockchain selbst kann man dann Patientendaten speichern, zu denen die Ärzte nur Zugriff bekommen, wenn der Patient sie gestattet. Der große Vorteil ist, dass Patienten selbst dadurch mehr Kontrolle darüber bekommen, was mit ihren Daten passiert.

Ob Logistik, Gesundheitswesen, Versicherungen, Immobilien oder der Energiesektor: Die Blockchain-Technologie kann Geschäftsabläufe effizienter gestalten und spart eine Menge Zeit und Arbeit.

Versicherungen

Ein weiterer möglicher Anwendungsfall für die Blockchain-Technologie sind Versicherungen. Durch den Einsatz der Technologie kann man Schadensfälle automatisiert abrechnen. Die Verwaltung der verschiedenen Versicherungsfälle kann die Technologie selbst übernehmen - eine Möglichkeit, um Milliarden von Geldern einzusparen.

Immobilien

Auch Verkäufe von Immobilien lassen sich über die Blockchain-Technologie abwickeln. Mit so genannten Security Token lassen sich einwandfrei Besitzansprüche an Immobilien oder an Teilen von Immobilien erwerben. Durch die Speicherung auf der Blockchain werden Betrügereien so gut wie unmöglich. Denn einmal auf der Blockchain festgeschrieben, lassen sich die Daten nicht mehr manipulieren.

Energiesektor

Der Energiemarkt ist kompliziert und unübersichtlich. Die Blockchain-Technologie kann hier Abhilfe schaffen. So kann man sie zum Beispiel einsetzen, um private Solaranlagen besser abzurechnen. Wohin der Strom fließt und wie er berechnet wird, lässt sich durch den Blockchain-Einsatz leicht nachvollziehen.

Dies war nur ein kleiner Einblick in die möglichen Einsatzgebiete der Blockchain. Doch es wird deutlich - die Technologie hat es in sich. Sie kann komplette Geschäftsabläufe effizienter gestalten. Allein dadurch, dass sie Mittelsmänner überflüssig macht, kann sie ungeahnte Mengen an Zeit und Arbeit einsparen.

Doch wir befinden uns noch am Anfang einer großen Entwicklung. Das wird deutlich, wenn man sich die typische Entwicklung von Technologien genauer anschaut.

Der Gartner-Hype-Zyklus

Die Theorie des Gartner-Hype-Zyklus geht auf die Analystin Jackie Fenn zurück. Seit sie ihren Text "The Microsoft software hype cycle strikes again" im Jahr 1995 veröffentlicht hat, wird er immer wieder auf neue Technologien angewendet. Er soll dabei helfen, den Entwicklungsstand neuer Technologien zu beurteilen. Man kann ihn auch auf Bitcoin und die Blockchain-Technologie anwenden und dadurch eine Einschätzung erhalten, an welchem Entwicklungsstand wir uns momentan befinden.

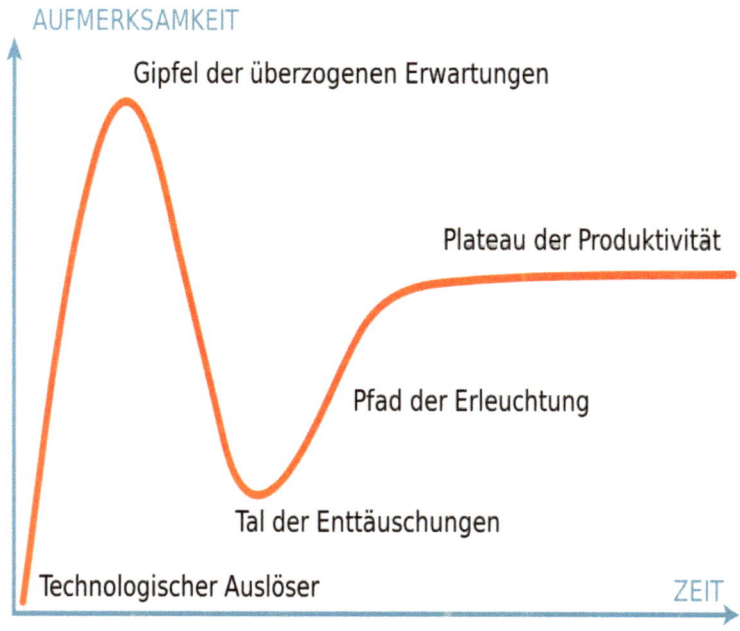

Wie man am Diagramm bereits erkennen kann, ordnet der Zyklus neue Technologien sowohl unter dem Aspekt der (öffentlichen)

Aufmerksamkeit (Y-Achse) als auch unter dem Aspekt der verstrichenen Zeit (X-Achse) ein.

Zu Beginn einer Entwicklung steht immer der technologische Auslöser – in unserem Fall die "Geburt" Bitcoins mit dem Genesis-Block am 03. Januar 2009.

Danach folgt laut dem Gartner-Hype-Zyklus der "Gipfel der überzogenen Erwartungen". Hier befinden wir uns in einer Hype-Phase rund um die neue Technologie und ihre Ausläufer. Zu Zeiten, als das Internet seine Revolution antrat, schossen hier überall neue Start-ups aus dem Boden. Wie wir heute wissen, hatten die wenigsten Substanz. Die Technologie aber überlebte.

Ähnlich war es bei Bitcoin und dem Kryptomarkt im Jahr 2017. Plötzlich gab es überall neue, scheinbar vielversprechende Projekte, so genannte "Initial Coin Offerings". Jedes dieser neuen Projekte versprach, die große, neue technologische Revolution zu sein. Menschen investierten wie blind, bis der Kryptomarkt gegen Ende des Jahres eine gewaltige Blase bildete, die schließlich platzte. Der Bitcoin-Kurs fiel von seinem damaligen Allzeithoch bei knapp 20.000 US-Dollar auf einen Bruchteil seines Niveaus und riss alle Altcoins mit sich in die Tiefe. Wir waren in Phase 3 angekommen: Dem Tal der Enttäuschungen.

> **Ende des Jahres 2017 befand sich der Kryptomarkt auf dem Gipfel der überzogenen Erwartungen.**

Die allzu hohen Erwartungen aus Phase Zwei wurden, zumindest kurzfristig, nicht erfüllt. Was blieb, waren viele frustrierte Kleinanleger, die nur das schnelle Geld gesehen haben. Viele davon hatten auch nicht in die Technologie investiert und sie tatsächlich verstanden, sondern nur auf kurzfristige Gewinne spekuliert. Sie waren es auch, die dann wieder abgesprungen waren und dem Bitcoin- und Blockchain-Hype den Rücken kehrten.

Doch einige – die so genannten Hodler – blieben am Ball beziehungsweise am Bitcoin. Und die Abkühlung hat dem gesamten Krypto-Ökosystem gutgetan. So hatten die ernsthaften Entwickler Zeit, an ihren Projekten zu arbeiten und die meisten Trittbrettfahrer verließen die Bühne wieder. Der darauffolgende Pfad der Erleuchtung baut sich nachhaltig auf und macht Platz für echte technologische Neuerungen.

Nun ist es, zumindest nach dem Gartner-Hype-Zyklus, Zeit, langsam in das Plateau der Produktivität einzutreten. Das bedeutet, dass die Menschen die Vorteile der Technologie erkennen und sie langsam ihren Weg in die Mitte der Gesellschaft findet. Wie lange das dauert, kann man bisher noch nicht abschätzen. Eins ist, zumindest aus meiner Sicht, jedoch sicher: Am Ball bleiben lohnt sich.

Folgt man dem Gartner-Hype-Zyklus, drängt sich ein Vergleich mit der Entwicklungsphase des Internets auf. Analog dazu befinden wir uns momentan in einer Entwicklungsphase, in der die Technologie ihr großes Potential entfaltet. Denn auch bei der Blockchain-Technologie, so können wir vermuten, haben wir es mit einer Technologie, zu tun, die bleibt.

Es spricht vieles dafür, dass sich die Blockchain-Technologie und auch Bitcoin am Beginn einer großen Entwicklung befindet.

Fazit zur Blockchain-Technologie

Die Vorteile, die die Blockchain-Technologie mit sich bringt, liegen auf der Hand. Sie ist eine Technologie, die vielfältige Lebensbereiche revolutionieren kann. Ob Energiesektor, Logistik oder Gesundheitswesen: Die Blockchain kann Prozesse effizienter machen und Ressourcen einsparen.

Bitcoin ist das beste Beispiel für die Möglichkeiten der Technologie. Als bekannteste Anwendung der Blockchain-Technologie, nämlich im Finanzbereich, zeigt sich schon heute, dass Bitcoin eine echte Alternative zum derzeitigen Geldsystem bieten kann.

Durch die Betrachtung des Gartner-Hype-Zyklus können wir vermuten, dass wir am Beginn einer Entwicklung stehen, die niemand verpassen sollte. Vielleicht haben wir es hier mit einer einzigartigen Möglichkeit zu tun, die uns ähnliche Umwälzungen bringt wie das Internet.

Doch auch "Bitcoins kleiner Bruder" Ethereum verspricht Großes. Zeit, sich das Projekt im nächsten Kapitel anzuschauen.

6. Ethereum und andere Kryptoprojekte

Ethereum gilt bei vielen Kryptoanhängern als das Projekt mit dem größten Potential neben Bitcoin. Wird die älteste aller Kryptowährungen oft als das "digitale Gold" bezeichnet, so gilt Ethereum als "digitales Silber" – die zweit edelste und zweit wertvollste unter den digitalen Coins.

> **Ethereum ist die zweitgrößte Kryptowährung nach Marktkapitalisierung. Die Ethereum-Plattform ermöglicht "Smart Contracts" (Schlaue Verträge) die digitale Prozesse automatisieren.**

Doch was macht Ethereum so besonders? Zunächst bringt das Projekt des Erfinders Vitalik Buterin der Blockchain-Welt eine neue Anwendungsform, die so genannten "Smart Contracts".

Diese "schlauen Verträge" ermöglichen es, digitale Prozesse zu automatisieren und versprechen eine Vielzahl von Kosteneinsparungen für die Industrie. Doch auch der Plan, dem energieaufwändigen "Proof of Work"-Verfahren von Bitcoin ein neues System entgegenzustellen, ist vielversprechend. Aber das Projekt mit der zweitgrößten Marktkapitalisierung nach Bitcoin hat noch viele weitere Asse im Ärmel. Lassen Sie sie uns anschauen!

Vitalik Buterin – ein weiteres Blockchain-Genie

Vitalik Buterin zählt zu den bekanntesten Köpfen in der Welt der Kryptowährungen. Bereits im Alter von 19 Jahren veröffentlichte er sein White Paper zu Ethereum, einem Blockchain-Projekt, das schnell zur zweitgrößten Kryptowährung überhaupt aufsteigen sollte.

Damit wollte er Bitcoin jedoch nicht kopieren. Viel eher lieferte er mit seinem White Paper die Idee für ein Projekt, das die Vorteile der Blockchain-Technologie auf ein neues Level bringen sollte. Die Smart Contracts waren geboren!

Fangen wir etwas früher an beim Werdegang dieses Wunderknaben. Geboren am 31. Januar 1994 in der russischen Stadt Kolomna, sollte er schon mit sechs Jahren seine erste große Reise antreten. Denn seine Eltern beschlossen auf der Suche nach besser bezahlter Arbeit nach Kanada auswandern. Sie konnten ja kaum ahnen, dass ihr Sohn einige Jahre später zum Milliardär werden würde!

Es zeichnete sich schnell ab, dass er zu Größerem bestimmt war. Bereits in der dritten Klasse wurde er in ein Begabtenförderprogramm aufgenommen. Bald begeisterte er sich für Zahlen, Mathematik und Ökonomie. Auf seine Umgebung wirkte das etwas befremdlich. Das kleine Genie wurde schief von der Seite angeschaut. Seine Leistungen sprechen jedoch für sich – mit 17 Jahren bekam er die Bronzemedaille bei der internationalen Informatikolympiade. Es sollte nicht die letzte Auszeichnung sein.

Von Bitcoin gehört hatte Vitalik im Alter von 17 Jahren, sein Vater hatte ihm davon erzählt. Er schenkte dem Projekt jedoch erst im Jahr 2013 größere Beachtung, als er auf Entwicklerkonferenzen immer wieder von der Blockchain-Technologie gehört hatte. Nachdem Buterin sein White Paper veröffentlicht hatte, bekam er bald ein Angebot, das er nicht ausschlagen konnte. Mit einem Stipendium von 100.000 Euro von der Thiel Fellowship bekam er die Möglichkeit, sein Projekt durchzuführen.

Gemeinsam mit Mihai Alisie, Anthony Di Iorio, Charles Hoskinson, Joe Lubin und Gavin Wood bastelte er fortan an der Ethereum-Plattform. Um das Projekt weiter zu finanzieren, musste

Geld her. Also beschloss das Team, die Kryptowährung, die zu ihrem Projekt gehörte, an die Öffentlichkeit zu geben: Der erste Verkauf von Ether (ETH) an die Öffentlichkeit. Und sie hatten Erfolg. Sie sammelten insgesamt 31.000 Bitcoin ein, die damals ungefähr 18 Millionen US-Dollar wert waren. Genug, um durchzustarten.

Und es sollte eines der bislang erfolgreichsten Projekte neben Bitcoin werden. Lag der Preis für einen Ether im August 2015 noch bei 0,75 Cent, sollte er im Januar 2018 schon knapp 1.400 US-Dollar wert sein. Jedoch steckt hinter Ethereum weitaus mehr als gute Kurse. Die Technologie ist so ausgefeilt, dass die Universität Basel Vitalik Buterin im Jahr 2018 die Ehrendoktorwürde verleihen sollte. Er war damals 24 Jahre alt!

Was ist Ethereum?

Ethereum ist wie Bitcoin eine Blockchain. Das bedeutet, dass sie ein dezentrales Netzwerk darstellt, das ohne vermittelnde Instanzen auskommt. Wie auch Bitcoin benötigt Ethereum weder eine Bank noch einen Staat, sondern baut allein auf der Technologie auf.

Die Ethereum-Plattform bietet Menschen die Möglichkeit, sich gegenseitig für Dienstleistungen und ähnliches zu bezahlen. Dafür stellt sie die Kryptowährung Ether (ETH) bereit.

> **Ethereum ist eine Blockchain, die die Kryptowährung Ether (ETH) verwendet.**

Im Gegensatz zu Bitcoin ist Ethereum jedoch keine reine Plattform für Währungen. Im Prinzip bietet sie ein Update zu Bitcoin. Denn auf Ethereum gibt es die Möglichkeit, dezentrale Anwendungen, sogenannte dApps, laufen zu lassen. Die kann man sich so ähnlich wie Computerprogramme vorstellen (Apps), nur dass sie eben keinen zentralen Server benötigen. Außerdem bestehen sie aus einer weiteren genialen Neuheit, die Ethereum mitbringt: Smart Contracts.

Smart Contracts und ihre Anwendung

Smart Contracts, zu Deutsch etwa "intelligente Verträge", kann man so programmieren, dass sie automatisch ausgeführt werden. Man gestaltet sie so, dass man ihnen sagt "Mach XY, wenn Z passiert".

Das zu verstehen, ist einfacher, als es vielleicht am Anfang klingt. Auch Sie haben schon einmal einen Vertrag abgeschlossen, wie wahrscheinlich ein Großteil der erwachsenen Menschen dieser Welt. Und in Verträgen werden immer bestimmte Bedingungen an Ansprüche geknüpft. Die können so aussehen:

"Wenn Sie mir die Miete überweisen (Z), dürfen sie in meiner Wohnung wohnen (XY)."

"Wenn Sie sich bei uns Geld leihen (Z), müssen Sie dafür Zinsen zahlen (XY)."

"Wenn Sie nicht regelmäßig zur Arbeit kommen (Z), werfen wir sie raus (XY)."

Wir sprechen hier von "Wenn-Dann-Bedingungen". Wenn etwas bestimmtes passiert oder geleistet wird, dann passiert etwas oder dann bekommen sie etwas.

Mit Smart Contracts können wir diese Wenn-Dann-Bedingungen in ein Computerprogramm überführen. Sie werden dann immer automatisch ausgelöst, wenn etwas bestimmtes passiert.

> **Smart Contracts sind automatische Verträge, die Wenn-Dann-Bedingungen digital abbilden.**

Damit kann man eine Menge Zeit und Geld einsparen. Denn die Mittelsmänner wie z.b. Notare fallen weg. Wenn man Smart Contracts benutzt, braucht man keine "Zwischenhändler" mehr, die die Verträge ausführen. Das erledigt alles die Technologie.

Proof of Stake

Im Rahmen eines groß angelegten Updates plant das Team um Ethereum derzeit, den Konsenmechanismus von "Proof of Work" auf "Proof of Stake" umzustellen. Davon soll die Plattform profitieren, da anschließend viel Energie eingespart werden soll.

Wir erinnern uns: Bei Bitcoin setzt man auf das Proof-of-Work-Verfahren. Kurz gesagt bedeutet das, dass Miner einen Arbeitsnachweis erbringen müssen, um die gültige Blockchain-Version für sich beanspruchen können.

Beim Proof-of-Stake-Verfahren hingegen bekommen diejenigen Teilnehmer eine Möglichkeit, die aktuellste Blockchain-Version bereitzustellen, die einen relativ großen Vermögensanteil ("Stake") im Netzwerk haben. Man kann sich das in etwa wie bei einer Aktiengesellschaft vorstellen. Wer einen größeren Anteil am Unternehmen besitzt, erhält auch mehr Stimmrechte.

> **Proof of Stake ist ein alternativer Konsensmechanismus. Er benötigt weniger Energie als Proof of Work. Diejenigen, die mehr Token haben, bekommen mehr Macht im Netzwerk.**

Derjenige Teilnehmer, der nachher den nächsten Block an die Blockchain heften darf, wird dabei jedoch zufällig vom Netzwerk ausgewählt. Je mehr Token man dabei ansammelt, desto höher wird die Chance, zufällig ausgewählt zu werden. Als Teilnehmer, der ausgewählt worden ist, erhält man später eine Belohnung – die so genannte "Block Subsidy".

Wir können uns das in etwa wie bei einer Verlosung vorstellen. Wer am meisten Lose kauft, hat nachher die höchste Wahrscheinlichkeit, den Gewinn abzuräumen. Dennoch gibt es keine Garantie darauf, dass die eigene Glückszahl auch gezogen wird.

Durch diesen Mechanismus wird es also möglich, allein durch das Halten von Token aktiv am Konsensmechanismus teilzunehmen. Man kann also dabei helfen, das Netzwerk sicher zu halten, ohne wie bei Bitcoin großen Rechenaufwand betreiben zu müssen.

Initial Coin Offerings – Neue Coins auf Knopfdruck

Initial Coin Offerings – kurz ICOs – bieten eine Möglichkeit, um für neue Kryptoprojekte in einer kurzen Zeit viel Geld einzusammeln. Gerade in der großen Krypto-Hype-Welle im Jahr 2017 lockte sie viele Menschen aufs Kryptoparkett. Es gab einige neue Projekte mit Substanz, doch die meisten waren leider Trittbrettfahrer. Denn mit ein bisschen technischem Know-How kann theoretisch jeder Mensch einen neuen Coin aufsetzen.

Die technologische Grundlage ist dabei oft die Ethereum-Blockchain. Wer ein neues Projekt ins Leben rufen will, gibt eine bestimmte Menge an neuen Coins beziehungsweise "Token" heraus. Diese nennt man, sofern sie auf der Ethereum-Blockchain basieren, auch ERC-20-Token.

Investoren können den neuen Token kaufen, das Geld dafür bekommen die Menschen hinter dem Projekt. Im Gegenzug dazu verbriefen die Token im neuen Netzwerk bestimmte Funktionen. Meistens handelt es sich dabei um eine Bezahlfunktion. Wer also neue Token kauft, bekommt das Versprechen, dass er damit im neuen Netzwerk damit etwas tun kann, etwa bezahlen.

> **Bei einem Initial Coin Offering (ICO) werden Token herausgegeben, um ein neues Kryptoprojekt zu finanzieren.**

Natürlich hoffen Investoren oft darauf, dass das Projekt mehr Bekanntheit erlangt, andere Menschen in das Projekt einsteigen und dadurch auch der Kurs für die jeweiligen Token steigt. Dadurch wird es auch auf spekulativer Ebene möglich zu profitieren – unabhängig davon, ob das Projekt selbst überhaupt funktioniert oder nicht.

Tatsächlich war auch Ethereum selbst ein solches Tokenprojekt. Um die Entwicklung der eigenen Plattform zu finanzieren, hat das Team um Vitalik Buterin einen neuen Token – den Ether (ETH) – herausgegeben und dafür Bitcoin eingesammelt.

Im Prinzip kann man sich so einen Tokenverkauf ähnlich wie einen Börsengang bei einem Unternehmen vorstellen. Der große Unterschied allerdings ist es, dass der Kryptomarkt zu einem großen Teil nicht reguliert ist. Das bedeutet, dass es keine Behörde gibt, die die neuen Projekte überwacht.

Letzten Endes ist das ein zweischneidiges Schwert. Denn zum einen haben dadurch alle Menschen die Möglichkeit, Kapital einzusammeln. Ganz egal, in welchem Land sie leben, ob sie ein Bankkonto besitzen, ob sie ein Vermögen besitzen oder nicht – mit dem technischen Grundwissen kann jeder einen eigenen Coin ins Leben rufen!

Die Kehrseite der Medaille ist, dass es auch niemanden gibt, der den Wilden Westen der Kryptowährungen überwacht. Das bedeutet eben auch, dass viele Kryptoprojekte Luftbuden sind, die keine Substanz haben. Umso wichtiger ist es, sich genau zu informieren und nicht auf jeden neuen Coin herein zufallen, nur weil er eine tolle Beschreibung hat.

So muss jedem, der in ein Projekt investiert, bewusst sein, dass es immer möglich ist, sein gesamtes Kapital zu verlieren. Auf der anderen Seite sind aber auch 100-fache Steigerungen innerhalb kürzester Zeit möglich!

Die Hoffnung auf spektakuläre Gewinne war es unter anderem auch, die zu einem großen Teil dazu beigetragen hat, dass sich der gesamte Markt im Jahr 2017 überhitzt hat. Viele witterten die Chance, durch ICOs schnell und viel Kapital einzusammeln und haben wie wild neue Token auf den Markt geworfen.

Viele Menschen investierten ebenso wild und kauften jeden x-beliebigen Coin. Wer das vorige Kapitel gelesen hat, weiß, was dann passiert ist. Es bildete sich eine Investment Blase, weil die Erwartungen an die neue Technologie komplett überzogen waren. Es gab zu viele Projekte mit zu wenig Substanz und zu viel Kapital, das blind investiert worden ist. Am Ende des Jahres platzte die Blase und viele neue Investoren verkauften panikartig. Dadurch stürzten die Kurse in die Tiefe und die Spreu trennte sich vom Weizen.

Decentralized Finance (DeFi)

Decentralized Finance – kurz DeFi – ist zunächst einmal der Sammelbegriff für alle dezentralen Finanzdienstleistungen. Ein breit gefasster Begriff also, der auf den ersten Blick den gesamten Kryptomarkt miteinschließt. Der Begriff setzt sich vor allem vom traditionellen Finanzmarkt ab. Denn er bezieht sich durch den Zusatz "dezentral" ausschließlich auf Finanzdienstleistungen, die ohne Mittelsmann auskommen. Solche sind im herkömmlichen Sektor zum Beispiel Banken, Börsen oder Versicherungen. Im DeFi-Bereich werden all die Aufgaben, die sonst von solchen Mittelsmännern ausgeführt werden, vom Protokoll beziehungsweise der Technologie übernommen.

Die Welt der dezentralen Finanzdienstleistungen ist vielversprechender denn je. Denn in einer Gesellschaft, in der Monopolisten und Oligarchen mehr und mehr das Vertrauen der Menschen verspielen, müssen alternative Angebote her. Anstatt auf Finanzinstitute setzt die dezentrale Finanzwirtschaft meist auf Smart Contracts.

> **Der Bereich der dezentralen Finanzen, zu dem auch Bitcoin gehört, benötigt keine Mittelsmänner wie Banken oder Börsen.**

Eine bekannte DeFi-Anwendung sind Stable Coins. Diese bilden jeweils in Form von Token den Gegenwert von Fiatwährungen ab. Eine Einheit des Stable Coins USDT ("Tether") ist dabei immer einen US-Dollar wert.

Stable Coins erfüllen im dezentralen Finanzsektor den Zweck, dass man seine Kryptowährungen jederzeit in herkömmliche Währungen umtauschen kann. Diesen Weg über Stable Coins zu gehen, spart Zeit und Geld, schließlich muss man sein Geld nicht bei einer Bank eintauschen, sondern kann direkt im Kryptoversum bleiben.

Non fungible Token (NFT)

Non Fungible Token – kurz NFT – sind nicht austauschbare Token. Jeder NFT verspricht, einzigartig zu sein. Bitcoin zum Beispiel zählt nicht zu den NFTs. Denn jede Einheit der Kryptowährung ist untereinander austauschbar, sie haben alle dieselbe Funktion und denselben Wert, Bitcoin ist *fungibel*.

Ist ein Token hingegen nicht-fungibel, steht er für einen einzigartigen Vermögenswert. Diesen kann man so nicht eins-zu-eins gegen einen anderen tauschen. Nicht-fungible Token sind zum Beispiel Kunstwerke, die digitalisiert wurden. Wer zum Beispiel einen Banksy-NFT besitzt, besitzt einen einzigartigen digitalen Anteil an einem der Kunstwerke. Mit dem Erwerb des NFT wird dieser Besitz verbrieft.

> **Jeder Non Fungible Token ist einzigartig und nicht austauschbar.**

Doch theoretisch können alle Vermögenswerte durch NFT digitalisiert werden, ganz egal ob Musikstücke, Kunstwerke oder auch Besitztümer. Das Innovative an NFTs ist, dass diese auf der Blockchain-Technologie basieren. Durch diese Verbindung kann man immer einwandfrei fest- und sicherstellen, dass der jeweilige Token auch einzigartig und echt ist. Anders als bei herkömmlichen Kunstobjekten muss man also nie zweifeln, ob man gerade einer Fälschung aufgesessen ist oder das Original besitzt. Da Blockchains zudem öffentlich einsehbar sind, sind die Besitzverhältnisse immer gut dokumentiert.

Security Token Offerings (STOs)

Ein Security Token Offering (STO) ist ein Ereignis, bei dem digitale Wertpapiere herausgegeben werden. Im Gegensatz zu herkömmlichen Token Offerings finden solche Ereignisse jedoch unter der Aufsicht der jeweiligen Behörden statt – sie sind reguliert.

Wer bei einem STO auf Käuferseite mitmacht, erwirbt einen oder mehrere Security Token. Damit erhalten die Investoren Rechte, etwa eine Gewinnbeteiligung oder ein Anteil am Vermögen.

Gerade im Bereich von Immobilien erfreuen sich Security Token Offerings einer wachsenden Beliebtheit. Anteile von Immobilien werden in Form von Token gebracht und diese dann zum Verkauf angeboten. Die so genannte "Tokenisierung" bietet also die Möglichkeit, auch große, unbewegliche Vermögenswerte wie Immobilien in kleinere Teile aufzuteilen.

Fazit zum ersten Teil: Auf dem Weg zur Revolution

Nun sind wir am Ende des ersten Teil dieses Buches angelangt. Und wir haben schon einiges gelernt. Wir wissen nun, wie Geld funktioniert und wie es in der Geschichte immer wieder dazu kam, dass das Geld durch Mangelwirtschaft, Inflation und anderen Schindluder seinen Wert verloren hat. Was sich durch die Geschichte des Geldes gezogen hat, war die Erkenntnis, dass es im derzeitigen Geldsystem an einem vertrauenswürdigen Geldanker fehlt.

Ob nun durch Währungsreformen, das Scheitern von Bretton Woods oder Kriegsanleihen – unser Finanzsystem ist kaputt. Die Geldeliten dieser Welt manipulieren das Währungssystem nach Belieben, die einzelnen Bürger schauen oft hilflos dabei zu, wie ihnen das Geld aus der Tasche gewirtschaftet wird.

Gab es früher noch den Goldanker, der sowohl Politiker als auch Banken und Staaten zu einer gewissen Disziplin zwang, sind nun alle Schleusen geöffnet. Dem Gelddrucken sind keine Grenzen gesetzt, die Folgen sind aufgeblähte Sachwerte, Immobilienblasen, Aktienblasen und die allgemeine Entwertung des Geldes.

Und dann gibt es Bitcoin. Ein dezentrales Geld- beziehungsweise Goldsystem, das komplett von Staaten unabhängig ist. Außerdem ist eine Begrenzung der Geldmenge durch den Code festgeschrieben, der Vorrat wird knapper und knapper. Und vieles spricht dafür, dass es nicht nur die digitale Version des Goldes ist. Es ist sogar besser als das "echte" Gold!

Denn Bitcoin löst das Vertrauensproblem, dem wir im internationalen Finanzsystem gegenüberstehen, auf clevere Weise.

Hier muss man nicht mehr einzelnen Menschen oder Institutionen vertrauen. Sondern einzig und allein der Technologie und dem eingeschriebenen Computercode.

Dieser Computercode setzt dem alten und brüchigen System etwas komplett Neues entgegen. Es ist schneller, günstiger, verlässlicher – ich denke, es ist nicht vermessen, hier von einer Revolution zu sprechen!

Hier noch einmal die Vorteile von Bitcoin im Überblick:

Dezentral: Bitcoin braucht keine Banken

Universal: Bitcoin braucht keine Wechselstuben

Unfehlbar: Bitcoin benötigt in der Verwaltung keine Menschen

Nicht manipulierbar: Die Blockchain ist transparent und kann nicht geändert werden

Sicher: Bitcoin hat, anders als zentrale Systeme, keine zentralen Angriffspunkte

Begrenzte Menge und digitale Knappheit: Die maximale Menge von 21 Millionen Bitcoin verhindert, dass ungehindert Geld geschöpft wird

Vergleichbar mit dem Internet, das allen Menschen weltweit Informationen zur Verfügung stellt, kann Bitcoin allen Menschen weltweit den Zugang zu Geld bereitstellen. Die Ergänzung durch Ethereum und Smart Contracts macht die Revolution komplett – schließlich bietet sich hier die Möglichkeit, komplette Geschäftsbereiche von Grund auf neu zu gestalten.

Mich hat dieses System überzeugt. Bitcoin ist für mich dem Fiat-Geld, also Euro, US-Dollar und Konsorten um Längen überlegen! Ich bin mir sicher, dass es eine einmalige Gelegenheit ist, um das Schicksal über die Finanzen in die eigenen Hände zu nehmen. Es gilt nun, dabei zu sein, wenn sich diese technologische Revolution ähnlich entwickelt wie damals das Internet.

Doch natürlich gilt auch hier: Gibt es eine Garantie? Nein. Jeder handelt selbstverantwortlich, das gilt vor allem für Investitionen. Auch ich kann Ihnen keine Garantie geben, dass Bitcoin nicht doch noch auf unvorhergesehene Weise scheitert.

Doch ist es plausibel, dass sich Bitcoin durchsetzt? Auf jeden Fall. Ich bin überzeugt davon. Sonst hätte ich dieses Buch nicht geschrieben.

Wenn auch Sie es sind, wird es nun Zeit, den nächsten Schritt zu gehen. Im nächsten Kapitel werden wir uns gemeinsam anschauen, wie man zum erfolgreichen Investor werden kann.

7. Bitcoin und Krypto-Investments: Die große Chance

Man kann es nicht oft genug betonen: Man sollte nie in Finanzprodukte investieren, wenn man sich nicht damit auskennt. Das gilt nicht nur für Aktien oder Immobilien, sondern ganz besonders für Bitcoin. Nach der ersten Hälfte dieses Buches haben sie bereits wichtige Grundkenntnisse gesammelt. Wir können wahrscheinlich sagen: Sie können sich mit einem guten Gefühl an das Thema eines möglichen Investments heranwagen.

Trotzdem sollten Sie sich selbst noch einmal kritisch hinterfragen und die Chancen und Risiken dieser neuen und volatilen Asset-Klasse abwägen.

Hier ein paar wichtige Punkte:

-   Sind Sie überzeugt, dass Bitcoin oder auch Ethereum Probleme lösen können und Vorteile gegenüber dem aktuellen Finanzwesen bieten?

-   Sind Sie sich bewusst, dass Volatilität große Steigerungen, aber auch tiefe Einbrüche mit sich bringt und daher der Zeithorizont (je weiter, desto besser) eine entscheidende Rolle spielt?

-   Wissen Sie folgendes: Revolutionen haben Gewinner – vielleicht Sie und Ich – aber auch Verlierer. Und diese Verlierer, bestehend aus Staaten, Banken und Finanzdienstleistern, sind mächtig und werden versuchen, ihre Pfründe zu verteidigen. Mit allen Mitteln!

-   Ist Ihnen ein *inflationssicheres Investment* wichtig?

- Glauben Sie, dass die Bitcoin- und Ethereum-Netzwerke ähnliche Entwicklungen wie ihre Vorgänger Amazon, Google, Facebook und Co. hinlegen könnten?

Sollten Sie eine Mehrheit dieser Punkte für plausibel und wahrscheinlich halten, dann macht ein Investment für Sie wahrscheinlich viel Sinn.

Spekulation oder Investment?

Jedes Investment, mit dem man in der Zukunft Geld gewinnen will, ist eine Form der Spekulation. Schließlich kann niemand die Zukunft voraussagen! Gewisse Entwicklungen sind wahrscheinlich oder auch anzunehmen, aber niemand kann mit Sicherheit sagen, was passieren wird.

Doch was macht eine Spekulation zu einem seriösen Investment? Es wird erst dazu, wenn es mit viel Wissen über die Materie sowie einem verantwortungsvollen Einsatz und zeitlicher Flexibilität gepaart ist.

Um Ihnen einen kleinen Einblick zu geben: Ich selbst habe mit fünf Prozent meines gesamten Investitions-Kapitals begonnen und habe es im Laufe der Zeit auf 30 Prozent gesteigert. Das Verrückte daran ist, dass inzwischen – trotz zeitweiligem Absturz – der Wert meiner Krypto-Investitionen mein restliches Portfolio um das Vierfache übersteigt. Damit auch Sie von diesem Markt profitieren können und gute Entscheidungen treffen können, habe ich Ihnen im Folgenden die wichtigsten Erkenntnisse und Erfahrungen zusammengestellt.

Investment 1x1

Es gibt einige Dinge, die man bei Investments unbedingt beachten muss. Wenn man sie sich zu Herzen nimmt, steht man auf der vergleichsweise sicheren Seite.

Investieren Sie nur, was Sie verkraften können

Keine Frage, die Perspektiven sind gut. Wie Sie nach der Lektüre dieses Buch wissen werden, gibt es gute Chancen, dass sowohl Bitcoin als auch die Blockchain-Technologie in der Zukunft Erfolg haben werden. Doch niemand, weder Sie noch ich, können die Zukunft voraussagen. Darum gilt die Grundregel:

> **Investiere nur so viel, wie du bereit bist, maximal zu verlieren!**

Denn wer sein Erspartes oder seine Altersvorsorge aufs Spiel setzt, wird nicht gut schlafen können. Noch schlimmer: Einen Kredit aufnehmen, um damit zu investieren. Davon ist auf jeden Fall abzuraten.

Emotionen sind ein schlechter Ratgeber

Wer sich von seinen Gefühlen mitreißen lässt, wird höchstwahrscheinlich kein guter Investor sein. Hauptsächlich unterscheidet man hier zwischen zwei Extremen: FUD und FOMO.

"FUD" ist ein Akronym und besteht aus den englischen Worten "Fear, Uncertainty and Doubt". Zu deutsch: Angst, Unsicherheit und Zweifel. Wer sich etwa von schlechten Nachrichten mitreißen lässt, verkauft vielleicht aus Panik bei einem schlechten Kurs. Und ärgert sich umso mehr, wenn dieser wieder steigt.

"FOMO" steht für "Fear of Missing Out", also die "Angst, etwas zu verpassen". Hier haben wir es mit dem Gegenstück zu FUD zu tun. Wer noch ganz schnell auf den Zug aufspringen will, weil die Kurse gerade explodieren, kauft vielleicht im falschen Moment.

Umso wichtiger ist es, vor Investitionsentscheidungen in sich zu gehen und sich zu fragen: Handle ich gerade überlegt und rational? Oder lasse ich mich von meinen Emotionen, vielleicht auch von Gier mitreißen? Falls das der Fall ist, sollten Sie sich lieber noch etwas zurücknehmen und abwarten, bis sich die Lage entspannt hat. Morgen ist auch noch ein Tag!

Gewinne realisieren

Machen Sie sich bewusst: Ein Bitcoin wird immer ein Bitcoin wert sein, ganz egal, wie hoch oder niedrig der Wechselkurs ist.

Das bedeutet: Sie haben erst einen Gewinn oder einen Verlust gemacht, wenn Sie diesen realisieren, also wenn sie ihre BTC wieder zurück in Euro tauschen. Wenn Sie ein bestimmtes Investitionsziel erreicht haben, scheuen Sie nicht, dieses auch zu realisieren. Wer Gewinne macht, hat nicht zu früh verkauft!

Plan machen und dabei bleiben

Um sich nicht von seinen Emotionen mitreißen zu lassen, ist es unheimlich wichtig, einen festen Plan zu haben.

Setzen Sie sich ruhig einmal hin und beantworten Sie die folgenden Fragen:

1. Was ist mein Anlagehorizont? (1 Jahr, 5 Jahre, 10 Jahre?)
2. Gibt es einen Kurs, bei dem ich Gewinne abschöpfen möchte? Falls Ja: Wie hoch ist der Kurs? Wie hoch sind die Gewinne, die Sie abschöpfen möchten?
3. Gibt es einen Minimal-Kurs, bei dem ich aussteige, weil ich sonst Angst bekomme, dass ich zu viel Geld verlieren könnte? Falls ja: Wie niedrig ist er?
4. Wie hoch ist mein tägliches, monatliches und jährliches Budget?

5. Woran erkenne ich, dass die Emotionen gerade mit mir durchgehen?

Wenn Sie diese Fragen für sich beantwortet haben, haben Sie einen Plan. Halten Sie sich an diesen Plan und lassen Sie sich nicht beirren!

In Chargen investieren

Experten, die schon länger im Bitcoin-Investment tätig sind, empfehlen: Nicht alles auf einmal! Das gilt sowohl beim Kaufen als auch beim Verkaufen. Wer sich an seinen Plan hält, sollte in Chargen kaufen und verkaufen. Etwa in regelmäßigen Abständen immer 25 Prozent vom vorgesehenen Kapital. So minimiert man das Risiko, bei einem besonders ungünstigen Kurs ein- oder auszusteigen und sich nachher darüber zu ärgern, wenn der Kurs noch besser ist.

Antizyklisches Investieren

Kaufe, wenn die Kanonen donnern, verkaufe,

wenn die Geigen spielen.

Das antizyklische Investieren ist schon eher etwas für fortgeschrittene Anleger und Anlegerinnen. Sie behalten den Markt genau im Auge und versuchen, rechtzeitig zu reagieren. Wenn die Kurse gerade gefallen sind, schlagen Sie zu – etwa bei einem Crash oder auch bei wirtschaftlichen Krisen. Dann sind die Einstiegsmöglichkeiten oft besonders günstig und das Potential nach oben relativ hoch. Sie kaufen also, wenn die Kanonen donnern.

Auf der anderen Seite gilt bei einem antizyklischen Investment, Gewinne zu realisieren, wenn die Kurse gerade besonders hoch sind. Etwa, wenn der Bitcoin-Kurs wieder ein neues Allzeithoch erreicht hat – dann kann es sich lohnen, einen Teil von seinen Gewinnen abzuziehen und auf niedrigere Einstiegskurse zu hoffen.

Allerdings benötigt man beim antizyklischen Investment nicht nur ein gutes Gespür für den Markt, sondern auch eine gehörige Portion Glück. Den Markt zu "timen" schaffen die wenigsten.

Cost-Dollar-Average: Der Bitcoin-Sparplan

Eine beliebte Methode, um in Bitcoin zu investieren, nennt sich "Cost-Dollar-Average". Dabei handelt es sich um eine Art Sparplan. Man investiert zu einem festgelegten Zeitpunkt im Monat einen bestimmten Betrag und kauft davon Bitcoin.

Das könnte so aussehen: Sie legen einen Betrag fest, den Sie monatlich verkraften können, ohne, dass es Ihnen weh tut – ob das 20, 50, 100 oder 1.000 Euro sind, wissen Sie selbst am besten. Dann bestimmen Sie einen festen Zeitpunkt – entweder wöchentlich, 14-tägig oder auch monatlich und kaufen immer zu diesem Zeitpunkt Bitcoin.

Durch diese Möglichkeit werden die Kursschwankungen ausgeglichen. Es kann sein, dass Sie mal zu einem höheren Kurs und mal zu einem niedrigeren Kurs investieren. Aber Ihr Durchschnittskurs passt sich aller Wahrscheinlichkeit so an, dass Sie auf lange Zeit mit Gewinn aus der Sache gehen.

> **Die Cost-Dollar-Averag gilt als gute Möglichkeit, um Kursschwankungen auf lange Sicht auszugleichen.**

Das Beste daran ist: Sie müssen nicht ständig die Kurse verfolgen und sich verrückt machen, wenn der Bitcoin-Kurs mal wieder gestiegen oder gefallen ist. Sie können sich entspannt zurücklehnen und dabei zusehen, wie ihr Bitcoin-Vermögen größer wird.

Es gibt auch Online-Anbieter, die solche Sparpläne anbieten. Dazu richtet man einfach einen Dauerauftrag ein, der das Geld regelmäßig vom Konto abzieht. Anbieter sind etwa www.bitpanda.com oder getbittr.com.

Die Bitcoin-Zyklen: Garantie für Kursanstiege?

Die Anzahl an neuen Bitcoins, die in den Kreislauf kommen, nimmt stetig ab. Das ist, wie wir bereits wissen, im Code festgelegt. Für jeden neu "geschürften" Block erhalten die Miner eine festgelegte Belohnung. Zurzeit sind das 6,25 BTC plus die Transaktionsgebühren.

Das Halving

Doch diese Belohnung wird alle 210.000 Blöcke halbiert – in der Regel dauert das etwa vier Jahre. Dieses Event heißt "Halving".

> **Beim Halving wird der Angebotsnachschub von Bitcoin halbiert. Dadurch wird Bitcoin mit der Zeit immer knapper.**

Durch diese regelmäßige Halbierung wird sichergestellt, dass der Nachschub an neuen Bitcoins stetig abnimmt. Und das hat am Ende auch einen Einfluss auf den Bitcoin-Kurs. In der Vergangenheit ist der Bitcoin-Kurs im Nachgang zu den Halvings immer angestiegen. Das erste Halving fand im November 2012 statt, die Belohnung für Miner wurde von 50 auf 25 BTC pro Block halbiert. Im Anschluss stieg der Kurs innerhalb eines Jahres von 12 US-Dollar auf knapp 1.150 US-Dollar.

Das zweite Halving zeigte noch beeindruckendere Auswirkungen.

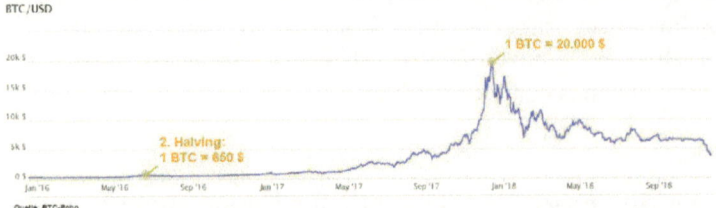

Zum Zeitpunkt des zweiten Halvings, das im Juli 2016 stattfand, stieg der Kurs von 650 US-Dollar auf knapp 20.000 US-Dollar im Dezember 2017. Dabei wurde der Angebotsnachschub des digitalen Goldes von 25 auf 12,5 BTC pro Block halbiert.

Im Mai 2020 kam es dann zum dritten Halving. Die Belohnung wurde von 12,5 BTC auf 6,25 BTC verknappt. Der Bitcoin-Kurs stieg in der Folge von 8.700 US-Dollar zum Zeitpunkt des Halvings auf knapp 63.000 US-Dollar im April 2021 an.

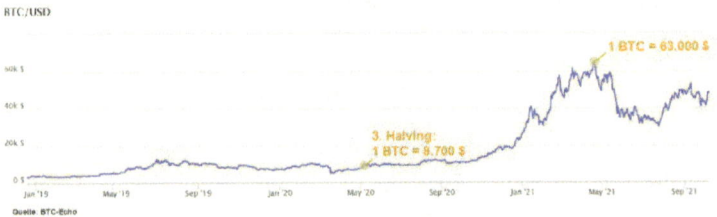

Das nächste Halving wird voraussichtlich am 12. März 2024 um 17:24 stattfinden. Wir dürfen gespannt sein, wie sich der Kurs bis dahin entwickelt.

Zyklentheorie: Das Stock-to-Flow-Modell

Anhand des Halvings lässt sich die Bewertung von Bitcoin in Vier-Jahres-Zyklen aufteilen. Unter Bitcoinern erfreut sich vor allem ein Modell großer Beliebtheit: Das Stock-to-Flow-Modell.

Es dient dazu, anhand verschiedener Daten die Seltenheit eines Wirtschaftsgutes zu bewerten. Es setzt die Ausschüttung eines Rohstoffs – in diesem Fall Bitcoins – ins Verhältnis zu der Anzahl der Neu-Ausschüttung in einem bestimmten Zeitraum.

Und da schneidet Bitcoin sehr gut ab: Bitcoin wird immer mehr genutzt, während immer weniger davon produziert wird. Anhand vergangener Kurse prognostiziert das Stock-to-Flow-Modell daher einen Kurs von 288.000 US-Dollar bis Ende 2024.

Die Geschichte wiederholt sich nicht...

...aber sie reimt sich. Anders gesagt: Nur weil sich der Bitcoin-Kurs in der Vergangenheit am Stock-to-Flow-Modell orientiert hat (oder ist es eher andersrum?), gibt es keine Garantie dafür, dass es in der Zukunft auch so sein wird. Doch es ist nicht unwahrscheinlich.

Das ist auch die Krux mit Kursprognosen: Niemand, wirklich niemand, kann mit Sicherheit sagen, ob sie auch eintreffen. Die richtige Glaskugel hat noch keiner gefunden. Kursprognosen und Modelle sind immer nur Annäherungen an die Wirklichkeit.

Krypto-Lending: Zinsen auf Kryptowährungen

Die meisten Menschen, die etwas Geld "auf der hohen Kante" oder auch Ersparnisse haben, stehen früher oder später vor der Frage, was sie mit diesem Geld tun sollen. Doch die Banken bieten hier kaum mehr Anreize. Die Zinsen sind teilweise so niedrig, dass sie kaum dazu ausreichen, um die Inflationsrate abzufangen. Wer größere Geldmengen ansammelt, kann sogar bestraft werden. Die Strafzinsen, die manche Banken dafür erheben, Geld zu verwahren, wirken zum Teil schon absurd. Darum ist für viele Menschen die Frage relativ dringlich, was sie mit ihrem Geld machen können, anstatt es auf der Bank versauern zu lassen.

Auch hierfür bietet die Welt der Kryptowährungen eine Lösung: Krypto-Lending. Denn wer bereits Bitcoins oder andere Kryptowährungen besitzt, hat die Möglichkeit, sein Geld "für sich arbeiten zu lassen". Bestimmte Plattformen bieten Anlegern und Anlegerinnen die Möglichkeit, ihre Kryptowährungen zu verleihen ("Lending"). Wenn sich andere Menschen diese Kryptowährungen leihen ("Borrowing"), bekommen sie dafür Zinsen gezahlt.

> **Beim Krypto-Lending kann man seine Kryptowährungen verleihen und bekommt dafür Zinsen.**

Wer die Kryptowelt ein bisschen kennengelernt hat, wird sich denken können: Auch beim Geldverleih ticken die Uhren ein bisschen anders. Wer sich etwa Geld im Bereich von Kryptowährungen leihen möchte, muss nicht etwa eine Schufa-Auskunft hinterlegen und seine Kreditwürdigkeit beweisen. Vielmehr hinterlegt derjenige einfach eine bestimmte Menge einer Kryptowährung (z.B. Bitcoin) und bekommt dafür Fiat-Geld (z.B. Euro) ausgezahlt. Die hinterlegten Bitcoins bezeichnet man später als "Collateral".

Wer also kurzfristig an Geld kommen möchte, seine Coins aber nicht verkaufen möchte, bekommt durch Lending eine gute Möglichkeit, an Geld zu kommen. Das ist vor allem für Langzeitinvestoren beziehungsweise so genannte "Hodler" eine tolle Möglichkeit, um "flüssig" zu werden. So können sie weiterhin ihre Bitcoin halten und gleichzeitig über Fiat-Geld verfügen.

Auch wer auf der anderen Seite seine Kryptowährungen zur Verfügung stellt, kann von dieser neuen Art der Finanzwirtschaft profitieren. Wer bei einem Krypto-Lending-Anbieter sein Geld zur Verfügung stellt, wird mit hohen Zinsen belohnt. Diese liegen dabei – je nach Anbieter – zwischen 4 und 12 Prozent.

Doch, man mag es bereits erahnen, geht man mit höheren Zinsen auch ein höheres Risiko ein. So steckt die Branche zum Teil noch in den Kinderschuhen, weswegen es zu technischen Problemen oder Ausfällen kommen kann. Auch gegen etwaige Insolvenzen der Anbieter ist man nicht immer geschützt. Man muss es fairerweise sagen: Die Technologie ist noch jung und im Wachstum begriffen. Deswegen muss man immer genau überprüfen, mit welchem Anbieter man es zu tun hat.

Die meisten Lending-Plattformen weisen Kreditgeber und Kreditnehmer übrigens automatisch zu. Sie ermitteln dabei, wer am besten zueinander passt.

Staking

Eine weitere Möglichkeit, um sein Geld im Bereich der Kryptowährungen für sich arbeiten zu lassen, ist "Staking". Dafür stellt man seine Coins bereit, um den Proof-of-Stake-Mechanismus bestimmter Kryptowährungen zu unterstützen. Vereinfacht gesagt bedeutet Staking, dass Coins für eine bestimmte Zeit eingeloggt sind und vom Eigentümer nicht verwendet werden können. Dafür erhält er eine Belohnung.

Wir erinnern uns: Beim Proof-of-Stake-Verfahren sucht das Netzwerk zufällig denjenigen Teilnehmer aus, der den nächsten gültigen Block schaffen darf. Dieser Teilnehmer bekommt auch eine Belohnung. Wer dabei eine hohe Anzahl an Token besitzt ("Stake") erhöht seine Chancen, aus dem Lostopf gezogen zu werden.

Dazu gibt es verschiedene Möglichkeiten. Entweder man führt das Staking direkt über die eigene Wallet durch oder man nutzt eine der vielen Kryptobörsen, die einen dabei unterstützen. Der Vorteil vom Staking ist es, dass man dadurch aktiv am Netzwerk teilnehmen kann ohne große Rechenkraft von Computern bereitstellen zu müssen, wie es etwa bei Bitcoin der Fall ist. So muss man keine Hardware kaufen, sondern investiert einfach in den jeweiligen Coin, mit dem Staking möglich ist.

Dazu gehören etwa die Projekte Cardano (ADA), Algorand (ALGO), Tezos (XTZ), Celo (CELO) und Mina (MINA).

Wer seine Chancen erhöhen will, aus dem Lostopf gezogen zu werden, kann sich auch nach sogenannten Staking Pools umschauen. Bei solchen Pools werfen mehrere Teilnehmer ihre Token zusammen, um dadurch ihre Gewinnchancen zu erhöhen. Auch die Belohnung wird später natürlich geteilt.

Staking Pools erhöhen die Chancen, Belohnungen zu bekommen.

Der Nachteil an solchen Staking Pools ist es, dass die Anbieter oft höhere Gebühren verlangen. Man könnte auch sagen: Der Eintrittspreis, um im Pool mitzuschwimmen, ist ziemlich hoch. Das liegt wiederum daran, dass der Verwaltungsaufwand für so einen Pool recht hoch ist. Es zeigt sich wieder einmal: Sobald ein Mittelsmann ins Spiel kommt, wird die Angelegenheit kostspieliger.

Was ist der Bitcoin wert?

Zunächst lässt sich die Frage nach dem Wert von Bitcoin auf ganz basaler Ebene erklären. Ein Bitcoin ist immer so viel wert, wie jemand bereit ist dafür zu bezahlen. Das Grundgesetz von Angebot und Nachfrage gilt für Bitcoin wie für jedes andere Wirtschaftsgut. Wenn viele Menschen ein bestimmtes Gut wollen (Nachfrage), es aber nur eine bestimmte Menge (Angebot) davon gibt, steigt auch der Preis. Wenn es andererseits ein großes Angebot aber eine sinkende Nachfrage gibt, sinkt der Preis. Doch wie bestimmt man nun, welcher Preis fair ist?

> **Der Wert des Bitcoins errechnet sich aus dem Zusammenspiel von Angebot und Nachfrage.**

Kritiker von Bitcoin sagen immer wieder, dass Bitcoin keinen inneren Wert habe. Diese auch als "intrinsischer Wert" bezeichnete Kennzahl ist allgemein schwer zu messen. Er beschreibt laut Gablers Banklexikon zunächst den als "Substanz, Ertrag oder sonstige inhaltliche Kennzeichen zu ermittelnder Wert eines Gegenstands". So weit, so unklar.

Um über den Wert von Bitcoin nachzudenken, muss man sich zunächst einmal bewusst machen, was Bitcoin eigentlich bietet. Bitcoin steht, das wissen wir inzwischen, für ein Geldsystem, das ohne Schranken auskommt. Eine alternative Währung, die fälschungssicher und nicht manipulierbar ist. Ist das nicht schon ein intrinsischer Wert? Hierüber lässt sich sicher streiten.

Der Wert eines Bitcoins speist sich letztlich auch aus dem, was er verspricht: Einen Ausweg aus dem derzeitigen Geldsystem. Dieses ist geprägt durch Inflation und durch die unkontrollierte Geldausschüttung der Notenbanken.

Schließlich liegt der Wert von Bitcoin also in seiner Funktion als Wertspeicher. Denn, wir erinnern uns, Bitcoin ist ein knappes Gut – sogar ein sehr knappes. Das neue Goldgeld wird immer seltener und damit auch immer wertvoller. Die Chancen stehen gut, dass diese Entwicklung noch lange so weitergeht.

> **Die maximale Menge von 21 Millionen schützt Bitcoin vor einer Inflation.**

Das Problem an Bitcoin sind allerdings seine hohen Preisschwankungen. Im heutigen Marktumfeld ist es nichts ungewöhnliches, dass der Bitcoin-Kurs innerhalb weniger Wochen um mehrere tausend Euro schwankt. Das liegt allerdings nach bisherigen Erkenntnissen vor allem daran, dass wir es noch mit so einem jungen Anlagegut zu tun haben. Auf lange Sicht wird sich der Kurs vermutlich stabilisieren. Denn je mehr Teilnehmer ihren Weg auf den Markt finden, umso stabiler werden auch die Kurse werden.

> **Je mehr Teilnehmer ihren Weg an die Kryptomärkte finden, desto wahrscheinlicher werden stabile Preise.**

Für mutige Investoren bietet der Bitcoin sicher schon heute eine gute Option. Nach verschiedenen Kursmodellen und Einschätzungen stehen die Chancen gut, dass sich Bitcoin als alternatives Wertaufbewahrungsmittel etablieren wird. Immer mehr Unternehmen, vor allem aus dem US-amerikanischen Raum, trauen sich bereits, Bitcoin ins Portfolio zu integrieren. Dazu gehören Tesla rund um Krypto-Gallionsfigur Elon Musk sowie der

Bezahldienstleister PayPal. Für sie scheint sich die Frage um den inneren Wert von Bitcoin kaum zu stellen. Wie sieht es bei Ihnen aus?

Spekulationsblasen am Krypto-Markt

Spekulationsblasen sind, allgemein gesagt, Marktsituationen, in denen die Preise von Gütern ihren tatsächlichen Wert um ein Vielfaches übersteigen. Aufgrund einer aufgeheizten Stimmung, etwa einem Hype, wittern viele Menschen ein gutes Geschäft und sind bereit, hohe Preise für ein bestimmtes Gut zu zahlen.

Das beste Beispiel für eine Spekulationsblase ist die Tulpenmanie in der ersten Hälfte des 17. Jahrhunderts in den Niederlanden. Tulpen waren ein Liebhaberobjekt – die Schönen und Reichen schmückten ihre Gärten gerne mit den ansehnlichen Blumen. Doch nach und nach wurden Tulpenzwiebeln seltener, schließlich gab es nur eine begrenzte Anzahl auf dem Markt. Das führte wiederum dazu, dass die Preise stiegen. Das Grundprinzip von Angebot und Nachfrage trieb den Preis nach oben.

Geschäftstüchtige Menschen witterten ihre Chance. Immer mehr Menschen wollten ins Tulpengeschäft einsteigen und ihre Zwiebeln für etwas mehr Geld verkaufen als für den Preis, den sie ursprünglich bezahlt hatten. Das führte dazu, dass bis in die 1630er Jahre auch die untersten Bevölkerungsschichten in den Handel mit Tulpen involviert waren. Die Preise stiegen durch die hohe Nachfrage letztlich so stark, dass niemand mehr bereit war, sie zu bezahlen. Der Markt für Tulpen kollabierte im Jahr 1937, viele Menschen standen nun vor einem Haufen verwelkter, wertloser Tulpen und vergammelten Tulpenzwiebeln.. Die Gier hatte sie dazu getrieben, in eine Sache zu investieren, von der sie nichts verstanden.

> **Spekulationsblasen sind von der Gier der Menschen getrieben und sorgen durch blinde Investments dafür, dass sich die Preise bestimmter Güter aufblasen.**

In der Folge gab es in der Menschheitsgeschichte immer wieder Spekulationsblasen, etwa die Südseeblase (1720), die Dotcom-Blase (2000) oder auch die US-Immobilienblase (2007) und viele weitere. Wenn es zu einem Hype um ein bestimmtes Thema kommt – ganz egal ob bei Immobilien oder Tulpen – spekulieren die Menschen darauf, dass die Preise steigen. Das führt dann dazu, dass jeder sein Stück vom Kuchen abhaben will.

Aber wie sieht es am Kryptomarkt aus? Auch hier laufen wir immer wieder Gefahr, dass sich der Markt künstlich aufbläht. Aus dem vorigen Kapitel wissen wir zum Beispiel, dass neue Technologien auch immer mit überzogenen Erwartungen einhergehen. Das zieht nach sich, dass die Preise steigen, auch wenn sie vielleicht gar nicht gerechtfertigt sind. Gerade im Kryptobereich gibt es immer wieder sehr viele Trittbrettfahrer, die versuchen, vom großen Hype zu profitieren.

So war auch der Bitcoin-Kurs im Jahr 2017 komplett überhitzt. Durch die Medien geisterten Nachrichten von Krypto-Millionären, die innerhalb kürzester Zeit ihr Kapital vermehrt hatten. Das Netzwerk selbst kam teilweise gar nicht hinterher. Das Bitcoin-Netzwerk war zum Teil so überlastet, dass die Transaktionen in der Blockchain mehrere Tage steckengeblieben sind. Auch die Transaktionsgebühren stiegen in ungekannte Höhen.

Umso wichtiger ist es, sich mit dem Thema genau auseinanderzusetzen. Es lohnt beispielsweise, sich mit Experten zu unterhalten, Magazine aus der Szene zu lesen und sich immer über verschiedene Quellen zu informieren. Nur so kann man ein Gespür dafür bekommen, ob die Märkte derzeit überhitzt sind oder nicht.

Nach Robert Shiller, einem US-amerikanischen Ökonom und Professor an der Universität an der Yale-University kann man an folgenden Zeichen erkennen, ob ein Markt in einer Blase ist:

- Starker Anstieg der Kurse
- Unglaubwürdige Geschichten darüber, warum die Kurse steigen
- Eine Vielzahl an Menschen, die berichten, dass sie viel Geld gemacht haben
- "FOMO" – Menschen, die davon berichten, dass sie sich ärgern, dass sie noch nicht investiert haben
- Erhöhte Berichterstattung in den Medien

Wenn sich der Bitcoin-Kurs also mal wieder innerhalb kürzester Zeit im zweistelligen Prozentbereich nach oben schraubt, sollte man vor einer Investition vielleicht noch einmal nachdenken. Es hilft, sich die einschlägigen News-Portale durchzulesen und nach Gründen dafür zu suchen.

Gibt es vielleicht große Unternehmen, die eine Integration von Kryptowährungen bekanntgegeben haben? Oder gibt es sogar einen Staat, der Bitcoin offiziell als Zahlungsmittel anerkannt hat? Solche *fundamentalen* Nachrichten können Anzeichen dafür sein, dass Kursanstiege gerechtfertigt sind. Wird es schwer, nachvollziehbare Gründe zu finden, kann es gut sein, dass der Markt überhitzt ist.

Doch auch hier ist Vorsicht geboten: Märkte sind unberechenbar. Selbst wenn Kursanstiege gerechtfertigt scheinen, kann es sein, dass es wieder nach unten geht. Denn auch Mischformen sind möglich.

So kann auf einen gerechtfertigten Kursanstieg auch eine Hype- und Überhitzungsphase folgen und umgekehrt.

Fazit

Wenn Sie die Hinweise in diesem Kapitel verstanden und verinnerlicht haben, verfügen Sie über eine wichtige Grundkenntnis, die erfolglose Investoren nicht haben: Sie sind informiert. Denn Information ist einer der wichtigsten, wenn nicht *die* wichtigste Voraussetzung, um sein Geld sinnvoll einzusetzen und zu vermehren.

Aber hier noch ein wichtiger Hinweis, den ich an dieser Stelle wiederholen möchte: Fangen Sie klein an. Nehmen Sie einen geringen Betrag, investieren Sie ihn und beobachten sich selbst dabei, wie es Ihnen damit geht.

Beginnen Sie ihr Investment mit geringen Beträgen.

Wenn Sie die Zeit dazu haben, tauchen Sie ruhig in den Bitcoin- und Blockchain-Bereich ein, informieren sich und bleiben Sie am Ball - zum Beispiel, indem Sie die aktuelle Entwicklung im Blockchain-Bereich genau beobachten und anhand neuer Entwicklungen ein Gespür für die Materie bekommen.

8. Finanzielle Freiheit

Erste Schritte: Was Sie brauchen

Um selbst Bitcoin kaufen zu können, benötigt man als allererstes eine digitale Brieftasche, auch "Wallet" genannt. Auf dieser Wallet werden die Bitcoin nachher aufbewahrt.

Jede dieser Wallets besitzt eine öffentliche Adresse, den Public Key. Diese Adresse besteht aus einer 34-stelligen Zusammensetzung aus Zahlen und Buchstaben. Sie ist die "Bitcoin-Kontonummer".

> **Beispiel für eine Bitcoin-Adresse:**
> **12c6DSiU4Rq3P4ZxziKxzrL5LmMBrzjrJX**

Doch wie kommt man nun an eine solche Adresse? Das hängt zunächst davon ab, welche Art von Wallet man benutzt. Die meisten Wallets erstellen die Adressen von selbst, so dass man sie später nur noch kopieren muss.

Online-Wallet: Die "heiße" Variante

Wer schnell mit Bitcoins loslegen will, kann sich für eine so genannte "Hot Wallet" entscheiden. Sie ist ständig mit dem Internet verbunden und wird deshalb als "hot" (heiß) bezeichnet.

Dazu meldet man sich zum Beispiel bei einer der zahlreichen Kryptobörsen an, eröffnet einen Account und kann online seine Coins kaufen. Eine andere Möglichkeit ist es, Hot Wallets auf einer App einzurichten und diese dann zu nutzen, um Bitcoin zu versenden und zu empfangen.

Der Nachteil an Hot Wallets ist es, dass sie immer online sind. Sie sind daher in den meisten Fällen mit den jeweiligen Börsen oder

Brokern verbunden. Und diese sind leider nicht so sicher wie die Blockchain selbst. Deshalb kann es passieren, dass diese gehackt werden. Digitale Einbrecher könnten dadurch die Bitcoins stehlen, was in der Vergangenheit immer wieder vorgekommen ist. Daher empfiehlt sich eine "Cold Wallet".

Cold Wallet: Die sichere Variante

So genannte Cold- oder Hardware Wallets sehen in etwa aus wie ein USB-Stick und funktionieren auch so ähnlich. Wer sich eine solche Wallet kauft, bekommt sie nach Hause geliefert und muss sie dann an den Computer anschließen. Mit einem entsprechenden Programm kann man dann die Bitcoins auf seinem Stick speichern und diesen an einem sicheren Ort aufbewahren. Außerdem ist er mit einem speziellen Passwort gesichert, das nur Sie kennen!

Cold Wallets gelten als sicherste Art und Weise, um seine Coins aufzubewahren.

Wer also Bitcoin auf die sichere Weise kaufen möchte, meldet sich am besten bei einer Börse an, bei der man Bitcoin direkt kaufen kann. Sobald die Bitcoins dort dann gekauft worden sind, sendet man sie auf sein Cold Wallet und voila! Die digitalen Coins sind sicher.

Was für Profis: Paper Wallet

Wer es etwas komplizierter möchte, kann sich auch eine "Paper Wallet" erstellen. Dazu meldet man sich auf www.blockchain.com an und lässt sich eine Bitcoin-Adresse erstellen. Diese notiert man auf einem Blatt Papier und verwahrt es an einem sicheren Ort. Am besten in einem Safe. Doch Vorsicht: Wer das Blatt verliert, verliert auch seine Coins!

Indem man seine Daten jedoch auf einem Papier notiert und dieses zum Beispiel in einem Safe aufbewahrt, kann man auch die Sicherheit eines Cold Wallets erhöhen. Falls man dieses doch verlieren sollte, hat man so eine zusätzliche Absicherung.

9. Risiken und Chancen

Revolutionen sind gesellschaftliche Umwälzungen. Dabei bringen sie immer große Chancen mit sich - aber natürlich schwingt auch immer ein Risiko mit. So auch bei Bitcoin - sei es die Sache an sich, die ungewisse Zeitachse oder die Gefahr von politischen "Killer-Gesetzen", die versuchen könnten, die Vorherrschaft der Polit- und Finanzelite zu bewahren.

Darum sollte man, vor allem, wenn man mit dem Gedanken spielt, Geld zu investieren, Pros und Contras wohlüberlegt abwägen.

Zur Orientierung will ich im Folgenden noch eine Prognose abgeben, wohin die Reise des Bitcoins uns führen wird - inklusive einer kurz-, mittel- und langfristigen Kursprognose.

Was jedoch noch viel wichtiger ist: Die Entwicklungen und Veränderungen, die das digitale Gold für die Wirtschaft und die Gesellschaft bringen wird. Denn es steht nach wie vor die Frage im Raum, ob sich Satoshi Nakamotos Vision durchsetzen wird. Wird es Bitcoin auf lange Sicht möglich machen, den Menschen mehr finanzielle Freiheit von Banken und Dritten zu geben? Oder wird er doch zu einer neuen Asset-Klasse, die wie so vieles andere von der heutigen Finanzelite beherrscht und zu deren Bereicherung genutzt wird?

Das Bitcoin-Verbot

So viel Bitcoin auch verspricht, auch dieses geniale Konzept kann nicht perfekt sein und sich nicht vor allen Gefahren schützen.

Gerade mächtigen Playern wie der US-Börsenaufsicht Securities and Exchange Commission (kurz: SEC) ist die Kryptowährung ein Dorn im Auge. Auch die chinesische Regierung ist Kryptowährungen gegenüber nicht gerade positiv eingestellt - zu verheißungsvoll sind ihre Versprechungen von mehr Autonomie für die Menschen. Und hier wären wir auch bei einem der Risiken: Ein Bitcoin-Verbot könnte den Zugang zur digitalen Währung erheblich erschweren. Auch haben solcherlei Bestrebungen in der Vergangenheit immer wieder negative Auswirkungen auf den Kurs gehabt. Doch kann man Bitcoin überhaupt verbieten?

Die kurze Antwort lautet: Nein! Die lange: Die Blockchain läuft ohne Unterbrechung, ohne Staat und ohne Bank. Und ein dezentrales Netzwerk kann man nicht einfach so verbieten. Allerdings können Staaten den Handel damit verbieten, wie es China bereits versucht hat. Auch kann ein Eingriff durch Regulierungsbehörden, etwa durch das Erheben hoher Steuern, einen erheblichen Einfluss auf Bitcoin haben.

> **Ein generelles Bitcoin-Verbot ist nicht durchsetzbar. Allerdings kann man den Handel damit verbieten, was zu starken Einschränkungen führen kann.**

Eingriffe von staatlicher und regulatorischer Natur können den Bitcoin und damit auch seine Kursentwicklung zumindest kurzfristig beeinflussen. Auf lange Sicht wird sich aber, so meine Einschätzung, die Kraft der Dezentralität durchsetzen.

Energieverbrauch und Umweltbewusstsein

Der hohe Stromverbrauch, den Bitcoin aufbringt, um die Sicherheit des Netzwerkes zu gewährleisten, ist für viele Menschen nicht gerechtfertigt. In einer Zeit, in der sich alle Menschen der Frage nach dem eigenen CO_2-Ausstoß stellen müssen, wirft die Energiefrage kein gutes Licht auf Bitcoin. Doch wie wir bereits aus Kapitel 3 wissen, gibt es Möglichkeiten und Wege, sich diesem Problem zu stellen.

So haben es letztlich alle Menschen, die Bitcoin nutzen, selbst in der Hand, für einen entsprechenden Ausgleich zu sorgen. Auch die Miner werden sich über kurz oder lang diesem Problem stellen müssen.

Ich bin optimistisch, dass Bitcoin und vor allem seine große Community auch dieses Problem für sich lösen wird.

Quantencomputer

Immer wieder geistert das Gerücht durch die Kryptoküche, dass Quantencomputer theoretisch in der Lage wären, die Blockchain zu knacken. Laut aktuellen Prognosen sollen diese bereits im Jahr 2026 einsatzbereit sein und dann innerhalb kurzer Zeit in der Lage sein, auch die bombensichere Blockchain-Technologie zu knacken.

Man muss hier einräumen, dass diese Gefahr real ist und man die Entwicklungen in diesem Bereich mit einem wachsamen Auge verfolgen muss. Doch diese Entwicklungen sind natürlich auch in der Blockchain- und Bitcoin-Community bekannt. Es liegt vor allem an den Entwicklern rund um die Blockchain, die Technologie auf diese Gefahren vorzubereiten.

Aber auch hier bietet sich eine Chance für potenzielle Investoren. Wer den Markt im Auge behält und sich auf einschlägigen Portalen regelmäßig informiert, kann rechtzeitig reagieren, falls es zu Gefahren kommen sollte. Das "nächste große Ding" könnte ein Blockchain-Projekt sein, das mit einer quantensicheren Blockchain daherkommt. Oder eines, das das Sicherheitssystem entsprechend aufrüstet.

Volatilität

Die teilweise hohen Kursschwankungen sind ein weiterer Aspekt, der viele Menschen davor zurückschrecken lässt, in Bitcoin zu investieren. Wer das Pech hat, zum Zeitpunkt des Allzeithochs zu investieren, dem kann es passieren, dass sein virtuelles Vermögen - zumindest in Euro - innerhalb einiger Wochen oder Monate um bis zu 80 Prozent zusammenschrumpft.

In solchen Fällen lohnt es sich, einen langen Atem zu behalten. Denn es gilt nach wie vor die Regel: Verluste macht nur der, der sie auch realisiert. Ein Bitcoin wird immer einen Bitcoin wert sein, auch wenn sein Kurs in Euro oder US-Dollar schwankt.

Wer sich jedoch von kurzfristigen Kursschwankungen nicht aus der Ruhe hat bringen lassen, der wurde in der Vergangenheit belohnt. Denn das Allzeithoch des alten Zyklus war oft im Bereich der Bodenbildung des neuen Zyklus.

Ist die hohe Volatilität also ein wirkliches Risiko für Investoren? Meiner Meinung nach nicht. Sollte sich, was ich stark vermute,

Bitcoin auf lange Sicht als neuer, digitaler Goldanker durchsetzen, ist es kaum von Bedeutung, ob der Kurs innerhalb von ein paar Wochen oder Monaten fällt oder steigt.

Kryptokonkurrenz

Bitcoin ist - wir wissen es - die größte und älteste aller Kryptowährungen. Doch wird "Mütterchen Bitcoin" auch für alle Zeit auf dem Thron der Kryptowährungen sitzen? Die Antwort ist: Wir wissen es nicht. Es kann immer passieren, dass ein neuer Coin daherkommt, der besser, schneller, umweltfreundlicher und effizienter ist. Es kann also auch passieren, dass dieser neue Coin Bitcoin irgendwann vom Thron stößt und das "nächste große Ding" wird. Auch in der Entwicklung des Internets mit all seinen Unternehmen gab es im Laufe der Zeit Pioniere, die von besseren Systemen überrollt worden sind.

Doch es ist, so meine Einschätzung, wahrscheinlich, dass Bitcoin so schnell nichts von seiner Strahlkraft verlieren wird. Nach wie vor sitzt die Kryptowährung fest im Sattel - mit einer Marktkapitalisierung von über 800 Milliarden US-Dollar steckt die Kryptowährung bereits Facebook und Tesla in die Tasche.

Eine Garantie kann ich Ihnen natürlich nicht geben. Doch ich denke nicht, dass sich in der nahen Zukunft am Status Quo viel ändern wird.

Keine staatliche und institutionelle Überwachung

Das Geniale an Bitcoin ist, dass man ihn nicht überwachen kann - kein Staat, keine Bank hat Einfluss darauf, wie sich die Kryptowährung entwickelt und wer mit ihr Umgang hat. Sichtbar wird man lediglich, sobald man wieder in den "Fiat Geldbereich" kommt, d.h. Bitcoins an einer Börse gegen Euros oder Dollars kauft oder verkauft. Denn dort müssen sich alle Nutzer für die Anmeldung gemäß den "Know Your Customer"-Richtlinien mit vollem Namen und Adresse anmelden.

Abgesehen davon entzieht sich das dezentrale Geldsystem jedoch einem staatlichen Eingriff. Die Technologie und der Computercode selbst lassen sich nicht manipulieren. Schließlich bedeutet das auch, dass jeder Mensch, der sich Bitcoin in die digitale Brieftasche packt, selbst für seine Coins verantwortlich ist. Unter Bitcoinern sagt man auch: "Not your Keys, not your Coins!". Wer seine privaten Schlüssel also vergisst oder verlegt, hat keine Möglichkeit, sie wiederherzustellen. Denn bei der Blockchain gibt es keinen "Passwort vergessen"-Button.

Die Unmöglichkeit einer staatlichen und institutionellen Überwachung ist also Chance und Risiko zugleich. Auf der einen Seite muss sich niemand einer Kontrolle seines Geldes unterwerfen, auf der anderen Seite ist deshalb auch jeder dazu verpflichtet, sich selbst um sein Geld zu kümmern. Für mich ist dieser Aspekt - man könnte ihn auch als finanzemanzipatorisch bezeichnen - ein klarer Pluspunkt!

Inflationsschutz und Reservewährung

Kommen wir zu den Chancen, die Bitcoin bietet. Bitcoin bietet einen wunderbaren Schutz gegen Inflationen und die Entwertung von Fiat-Währungen wie dem US-Dollar, Euro oder Schweizer Franken. Denn Bitcoin ist, wie nach der Lektüre dieses Buches klar sein dürfte, eine dezentrale Digitalwährung mit einer maximalen Geldmenge von 21 Millionen Coins. Die Menge der Coins kann nicht künstlich erhöht werden und ist als digitales Gold die Absicherung gegen krisengebeutelte Währung.

Und als solches könnte die Kryptowährung sogar zur Weltreservewährung für Zentralbanken aufsteigen. Denn, seien wir mal ganz ehrlich, was könnte besser als Absicherung dienen als ein unabhängiges Geldsystem?

Wenn Bitcoins Vorteile erst einmal vom Großteil der Menschen erkannt werden wird, können sich auch die Banken und Staaten nicht mehr gegen diese Erkenntnis wehren. Erste US-Banken machen es bereits vor und packen sich einige Bitcoins in den digitalen Tresor. Damit bereiten sie der Massen-Adoption der Kryptowährung den besten Boden.

Und wenn diese einsetzt, wird jeder froh sein, der bereits früh eingestiegen ist. Ich bin mir also sicher, dass Bitcoin eine große Zukunft bevorsteht.

Digitale Knappheit

Bitcoin bringt der Welt etwas Einmaliges: Es schafft es als erstes Gut, digitale Knappheit herzustellen. Bitcoin wird immer knapper und damit immer wertvoller. Die Umverteilung des Vermögens, die damit einhergeht, ist in vollem Gange. Immer mehr Menschen springen auf den Bitcoin-Zug auf und wollen dabei sein, wenn sich dieser unbestechliche Goldanker durchsetzt.

Der neue Goldanker

Bitcoin kann Millionen Menschen einen Zugang zu einem Geldsystem bieten - und zwar all jenen, die bisher davon ausgeschlossen sind. Mit der Möglichkeit, Geld sekundenschnell über Grenzen zu senden, hat Bitcoin das Potential, die Konkurrenz rund um Western Union sowie andere Zahlungsanbieter meilenweit hinter sich zu lassen.

Außerdem bietet Bitcoin jetzt die einmalige Chance, an der Umverteilung des Reichtums teilzuhaben. Ich halte es für sehr wahrscheinlich, dass sich Bitcoin weiter durchsetzen wird. Die finanzielle Teilhabe an der nächsten technologischen Revolution ist also eine Möglichkeit, die man erwägen sollte, zu ergreifen.

Warum? Bitcoin ist der neue Goldanker. Bitcoin ist sogar besser als Gold, weil die Kryptowährung digital, berechenbar und bombensicher ist.

Alle Chancen, die wir uns in diesem Kapitel noch einmal vor Augen geführt haben, laufen auf eines hinaus: Aufgrund der Angebotsverknappung und der unschlagbaren Knappheit von

Bitcoin ist es höchstwahrscheinlich, dass der Kurs auf lange Sicht weiter steigen wird.

Und selbst die Risiken, die Bitcoin potentiell gefährden könnten, haben sich letzten Endes als Chancen herausgestellt. Denn alle können auf die ein oder andere Weise von der fleißigen Entwickler-Community gemeistert werden.

10. Meine Investitionen

Nun, zum Abschluss dieses Buches, will ich mit Ihnen noch einige persönliche Erkenntnisse teilen, die ich als Investor und Krypto-Einsteiger, aber auch als Privatperson gemacht habe. In diesem Kapitel werde ich aber nicht nur meine Erfahrungen teilen. Ich werde auch meine Kursprognosen verraten und Sie werden einen Einblick in meinen Investitionsplan bekommen.

Eines will ich an dieser Stelle jedoch noch einmal betonen: Eine Garantie für meine Einschätzungen kann es nicht geben. Investieren Sie wirklich nur, wenn Sie das aus freien Stücken tun und selbst zu der Erkenntnis gekommen sind, Gründe dafür zu finden. Jeder ist für sein eigenes Geld verantwortlich!

Von Gier und ruhigen Händen – was ich gelernt habe

Meine erste Begegnung mit Bitcoin war im Jahr 2017. Seitdem habe ich sehr viel gelernt. Ich kann Ihnen sagen: Einiges lief schief. Aber vieles lief auch sehr gut – so ist es, wenn man den Sprung wagt und sich auf Neuland begibt. Deshalb will ich mit Ihnen meine Erfahrungen teilen. Denn ich hoffe und bin sicher, dass Sie einiges für Ihre ersten Schritte in dieser Materie mitnehmen könnten. Aber ich will nicht nur meine Erfolge schildern, sondern auch meine Fehler. Denn aus denen lernen wir bekanntlich am besten.

Phase 1 (Mitte 2017)

Mein Schwiegersohn – promovierter Physiker und Experte für Risikomanagement – war der Erste, der mir von Bitcoins und Kryptowährungen erzählte. Es war Mitte 2017, als er mir berichtet hatte, wie spannend diese neuen Blockchain-Projekte doch seien.

Auch von Ether erzählte er mir und dass er eine kleine Summe investiert hatte. Mein Interesse war geweckt. Kurzerhand bat ich ihn dann, mir doch auch ein paar Ether zu kaufen.

Eine wichtige Lektion gab er mir gleich mit, die ich dann auch befolgte: Immer nur so viel zu investieren, wie ich bei einem Totalverlust verschmerzen könnte. Er sagte mir, dass sich der Wert von Ether deutlich vervielfachen könnte. Das bedeutet aber auch – wie immer bei Investments – ein erhöhtes Risiko!

Dann gab er mir noch eine Strategie an die Hand: Risikominimierung. Das bedeutet, dass, falls sich der Kurs etwa verfünffachen würde, ich Ether im selben Wert des eingesetzten Kapitals wieder verkaufen würde. So hätte ich mein Einsatz wieder drin und könnte entspannter zuschauen, wie sich der Kurs weiterentwickelt.

Phase 2 (Ende 2017 – Mitte 2018)

Mein Einstiegskurs bei Ether lag zwischen 200 und 300 US-Dollar. Nach einigen Ups and Downs wurde es zum Jahresende richtig spannend. Der Bitcoin-Kurs explodierte und erreichte am 17. Dezember sein Allzeithoch von knapp unter 20.000 US-Dollar. Und auch der Ether-Kurs schoss durch die Decke. Bald schon sollte er bei über 1.000 Euro sein. Warum und wieso verstand ich als Krypto-Neuling nicht. Doch umso spannender fand ich das Ganze. Ich habe mindestens 10 Mal am Tag die Kurse angeschaut und bin die "Krypto-Achterbahn" mitgefahren. Was für eine Reise!

Mein Ziel – die fünffache Steigerung des Investments – hatte ich noch nicht erreicht. Also wartete ich gespannt weiter. Aber dann kam der Crash, der Bitcoin-Kurs sank in sich zusammen und riss alle Altcoins mit in die Tiefe. Natürlich auch Ether! Nach vier Monaten waren wir bei circa 400 US-Dollar und ein halbes Jahr später unter 200 US-Dollar. Das bedeutete: Verlust statt Reichtum!

Zwischenfazit: Das habe ich aus Phase 1 und 2 gelernt

Was für eine Achterbahnfahrt! Erst habe ich die großen Gewinne gesehen und plötzlich stürzte alles wieder ab. Sogar unter meinen Einstiegskurs. Da merkte ich schnell: Ich hatte die richtige Summe investiert. Denn ich war nicht auf das Geld angewiesen, also musste ich mir keine großen Sorgen machen. Somit hatte ich die Investorenregel Nummer 1 eingehalten.

Was ich noch gelernt habe: Investiere niemals (!) in ein Gebiet, von dem du nicht wenigstens eine gewisse Grundkenntnis hast. Außerdem war es falsch, blind eine Strategie zu kopieren. Denn: Je früher im Stadium einer Kursentwicklung man einsteigt, umso höher die Kurschancen. Gewinne muss man auch realisieren, sonst sind sie eben keine Gewinne. In meinem Fall wäre der Teilausstieg bei 300 oder 400 Prozent logischer und zielführender gewesen.

Ein weiterer Fehler war es, ständig den Kurs zu verfolgen. Gerade im Bereich der Kryptowährungen kochen die Emotionen schnell über. Viel wichtiger ist es, die dahinterliegenden Kurstreiber zu verstehen. Wichtig ist, sich zu fragen: Sind die aktuellen Anstiege gerechtfertigt? Oder kocht der Markt gerade über? Nur, wer den Markt genau beobachtet, kann rationale Entscheidungen treffen!

Phase 3 (Mitte 2018 – Mitte 2019)

Nachdem ich den kleinen Schock aus den ersten Phasen verdaut hatte, habe ich begonnen, in die Materie einzutauchen. Und das geht nur durch Information. Ich begann, Kryptowährungen und die Blockchain-Technologie auf Seminaren, etwa von der Frankfurt School of Finance zu studieren. Auch in Fachzeitschriften (BTC-ECHO) und durch Newsletter (Kraken, Coinbase etc.) informierte ich mich über diese neuen Technologien. Wissbegierig sog ich alles auf. Dabei bemerkte ich mehrere Dinge. Eine der wichtigsten Erkenntnisse war es, dass bei neuen Märkten eine hohe Volatilität vollkommen normal ist. Wenn ein Kurs Steigerungen von mehreren hundert Prozent einstreicht, kann man fast damit rechnen, dass der Kurs auch mal um 80 Prozent nach unten kracht.

Das war in den Anfangsjahren der großen Plattform Giganten Amazon, Google und Microsoft ganz ähnlich. Keine Frage: Wer hier ein gutes Händchen hat, kann mit Day-Trading schnell viel Geld machen. Doch wem das nötige Quäntchen Glück fehlt oder wer eine unruhige Hand hat, kann schnell auch sein Geld verzocken. Das war mir eindeutig zu heiß.

Also beschloss ich zum "Hodler" zu werden: Halten, Nachkaufen und Abwarten! Denn ähnlich wie bei Aktien ist auch bei Bitcoin, davon bin ich überzeugt, der sichere Weg, langfristig zu denken und zu handeln.

Auf lange Sicht profitiert man schließlich meistens. Und je mehr ich über Bitcoin erfahren hatte, umso überzeugter war ich: Der Kurs wird wieder steigen! Zum Glück musste ich nie aus Not verkaufen. Das ist bei allen volatilen Anlagen das Wichtigste. Denn Verluste macht nur, wer diese auch realisiert!

Phase 4 (Mitte 2019 – Mitte 2021)

Nun war ich also in die Materie eingetaucht. Für mich war klar: Der nächste Schritt kann getan werden. Also habe ich bei Iconomi einen Kryptofonds aufgelegt. Seitdem manage ich einen Teil meiner Kryptowährungen aktiv und halte den größeren Teil in guter Hodler-Manier.

Die Idee: Während der Seitwärtsbewegung der Märkte trotzdem Steigerungen erzielen und besser als der Markt sein. Sollte doch bei all dem angehäuften Wissen gar nicht so schwer sein! Dachte ich zumindest.

Und es stellte sich heraus: Doch, das ist schwer! Jeder, der weiß, wie oft bei Aktien von scheinbar professionellen Händlern "gemanagte Fonds" kaum oder gar nicht besser abschneiden als der Markt, weiß genau was ich meine.

Ich blieb hartnäckig und stöberte durch den Markt. DeFi, NFT's und sonstige Projekte – ich stieg ein und wieder aus und tauchte tiefer ein: Learning by doing! Aber ich musste mir bald eingestehen: Meine aktiv gemanagten Kryptobestände und der Fonds haben um keinen Deut besser performt als meine gehodleten Kryptowerte.

Zur Zeit des Schreibens dieser Zeilen (Herbst 2021) liegen meine Bitcoin, Ether und sonstige Kryptos im Plus. Und wieder denke ich: Als der Bitcoin-Kurs noch über 50.000 Euro lag, wäre der Gewinn noch größer gewesen. Hätte ich einen Teil verkaufen sollen? Vielleicht beim nächsten Mal.

Zwischenfazit: Learnings Phase 3 und 4

Das Anhäufen von Wissen war unheimlich wichtig, um mich im Markt besser zurechtzufinden. Nur so konnte ich erkennen, dass auch im Reich der Kryptowährungen die fundamentalen Gesetze der Finanzwelt gelten. Allen voran die von Angebot und Nachfrage!

Und es bestätigte sich: Ohne die Grundlagen und Gesetzmäßigkeiten der Technologie zu kennen, fehlt einem das Vertrauen in eine gute Zukunft. Ganz ähnlich wie das vielen Menschen so ging, als die "neuen" Tech-Unternehmen wie Amazon und Google aus ihren Garagen krochen und mit neuen, unbekannten Technologien lockten. Wie soll man in etwas Vertrauen, was man nicht versteht?

Eine weitere Erkenntnis: Man muss schon ein ausgefuchster Profi sein, um besser als der Markt zu sein. Wenig Hektik, eine komplett ruhige Hand und dazu eine Portion Glück.

Außerdem war es etwas zutiefst Menschliches, was mir immer wieder dazwischen funkte: die Emotionen! Gingen die Kurse hoch, setzte die Gier ein, gingen die Kurse runter, setzte die Angst ein. Aber nur ein bisschen, denn durch meine Erfahrungen als Unternehmer und Berater weiß ich, dass Produkte und Projekte mit einem für die Zielgruppe wichtigen und vorteilhaften Mehrwert immer langfristig erfolgreich sein werden!

Und auch das Einhalten der Investment Regel 1 hat da natürlich Sicherheit gegeben. Inzwischen weiß ich: Angst und Gier, beides sind schlechte Ratgeber. Besser ist da schon eine auf Fakten basierte Zukunftsprognose. Auch das ist keine Garantie, aber sie gibt ein besseres Gefühl und man kann bei fortlaufender Zeit immer wieder überprüfen, ob die Annahmen noch in etwa stimmen.

Meine Prognose: Bitcoin Quo Vadis?

Es gibt einige Faktoren, die dafür sprechen, dass der Bitcoin-Kurs in der Zukunft weiter steigen wird.

Allein die *Knappheit* des Bitcoins spricht, wie in diesem Buch ausführlich erläutert, dafür, dass der Preis, den man für Bitcoin zahlt, weiter nach oben klettert. Der Ausschlag dafür lässt sich in den Grundregeln der Marktwirtschaft finden: Angebot und Nachfrage. Steigt die Nachfrage bei gleichbleibendem Angebot, so ziehen auch die Preise an. Schließlich bewertet der Markt selbst, was gutes, verlässliches und wertbeständiges Geld ist – das liegt weniger in der Macht der von Interessen geleiteten Institutionen wie Zentralbanken und Regierungen. Ich bin mir sicher: Der Bitcoin wird sich gegenüber dem Fiatgeld behaupten können. Dann stellt sich irgendwann nur noch die Frage, ob man seine Bitcoin überhaupt noch in Euro umtauschen möchte oder gleich beim neuen Goldgeld bleibt.

Zur Knappheit gesellt sich der *Plattformeffekt*: Je mehr Teilnehmer es in einem Netzwerk gibt, desto wertvoller wird sie auch – man denke hier nur an die Internetgiganten Amazon, Google und Facebook. Gestartet als kleine Projekte wurden Sie immer größer und größer, bis sie schließlich zu den Riesen wurden, die sie heute sind.

Auch eine *steigende Akzeptanz* wird all diese Effekte beflügeln. Gerne darf man seinen Blick hier ins internationale Ausland schweifen lassen. So hat das mittelamerikanische Land El Salvador im Sommer 2021 damit begonnen, die Staatsreserven mit Bitcoin aufzustocken. Da ist es nur wahrscheinlich, dass auch andere Staaten erkennen werden, dass man sich im Finanzsystem nach Alternativen umschauen muss. Da lässt der Ansturm auf die letzten verbleibenden Bitcoins vermutlich nicht mehr lange auf sich warten.

Und es ist noch Luft nach oben, auch was die Wertspeicherfunktion des Bitcoins angeht. Derzeit verfügt der Bitcoin schon über 10 Prozent der Marktkapitalisierung von Gold. Doch wenn Menschen nach und nach erkennen, dass Bitcoin das bessere Gold ist, ist auch hier eine Umschichtung des Vermögens nicht unwahrscheinlich.

Es ist nicht von der Hand zu weisen: Die Welt und die digitale Wirtschaft brauchen digitales Geld und digitales Gold. Und zwar eines, das unabhängig von Staaten ist und nicht wie der US-Dollar als politische Waffe eingesetzt werden kann. Ein Goldgeld, das dezentral ist und den Menschen ein Stück ihrer Unabhängigkeit zurückgibt: Bitcoin.

Nun also die Königsfrage: Wie werden sich die Kurse von Bitcoin und Ether entwickeln? Bevor es losgeht, ein kleiner Hinweis: Meine Prognosen stütze ich, neben den oben aufgeführten wirtschaftlichen Fakten, auf das Stock-to-Flow-Modell, das vom Bitcoiner PlanB erstmals auf Bitcoin angewendet wurde. Es beschreibt die Knappheit eines Gutes und berechnet anhand dieser Knappheit den Preis. Dieses Modell konnte den Kurs bereits in der Vergangenheit gut prognostizieren. Und momentan spricht nichts dagegen, dass es auch in Zukunft so sein wird.

In der kurzfristigen Entwicklung halte ich einen Bitcoin-Kurs zwischen 60. und 80.000 Euro für 2021 für wahrscheinlich. Im Vergleich zum September 2021 entspräche das einer Kurssteigerung von 50 bis 100 Prozent. Der Ether-Kurs wiederum sollte sich Ende 2021 zwischen 5.000 und 7.000 Euro bewegen.

Mittelfristig, das heißt bis zum nächsten Halving, traue ich dem Bitcoin-Kurs eine Steigerung auf zwischen 120.000 und 150.000 Euro zu, den Ether-Kurs sehe ich zwischen 10.000 und 12.000 Euro.

Doch das sind Prognosen – natürlich können Sie sich nicht zu Hundert Prozent darauf verlassen, auch ich habe die Glaskugel noch nicht gefunden. Denn: "Nichts ist schwieriger als Prognosen. Vor allem, wenn sie die Zukunft betreffen." – wie es in einem Bonmôt so treffend heißt.

Nach allen Faktoren, die wir in diesem Buch kennengelernt haben, sind solche Kurssteigerungen dennoch nicht unwahrscheinlich.

Aber selbst, wenn meine Prognose zu zuversichtlich sein sollte und die Steigerungen geringer ausfallen sollten, würde ein Einstieg mit einem kleinen bis mittleren Betrag schon viel Sinn machen. Denn mehr denn je gilt, hier will ich Victor Hugo zitieren: "*Nichts ist so mächtig wie eine Idee, deren Zeit gekommen ist.*"

Investitionen - mein Zukunftsplan

Auch wenn es in der Vergangenheit schon gut für mich lief, werde ich als eingefleischter "Bitcoiner" weiterhin am Ball bleiben. Denn die Erkenntnisse, die ich im Laufe der Recherche und Beschäftigung mit diesem Buch gemacht habe, haben mich noch mehr überzeugt, weiter zu investieren. Ich will Ihnen auch verraten, was mein Investitionsplan ist.

Zwischen 40 und 50 Prozent meines bisherigen Investments in Bitcoin und Ether liegen auf meiner Cold Wallet und werden nicht angerührt. Hier werde ich hodln. Und zwar ohne wenn und aber, komme was wolle! Denn ich glaube fest an die Überlegenheit der Blockchain-Technologie und die Vorteile von Distributed-Ledger-Technologien. Ich denke, dass es sich hier um eine Revolution im Geldwesen handelt, die die Wirtschaft und Gesellschaft in großem Maße verändern wird. Und da sowohl Bitcoin als auch Ether immer wertvoller werden, wäre es verrückt, die Kryptoreserven anzurühren.

Den Rest meines Kryptobestandes habe ich auf verschiedene Börsen verteilt. Hier versuche ich, nach schnellen Höchstständen etwas zu verkaufen und bei den folgenden Dips wieder einzusteigen – ein Prinzip, das auch als "Ride the wave" beziehungsweise "Wellenreiten" bekannt ist. Mit diesem Prinzip konnte ich in der Vergangenheit leicht bessere Ergebnisse erzielen als beim Hodln. Waren es beim reinen Hodln knapp 700 Prozent Gewinn, konnte ich beim aktiven managen leicht über 700 Prozent Gewinne einstreichen. Wenn ich aber die Zeit und Nerven, die ich dabei verloren habe in Betracht ziehe, war es eigentlich eher ein Verlustgeschäft.

Außerdem habe ich einen Fonds bei der Kryptobörse Iconomi aufgelegt. Sein Name "Risk&Safety" ist Programm: Zwei Drittel bestehen aus Bitcoin und Ether (Safety) und ein Drittel besteht aus der Beimischung von Coins aus neuen Trendbereichen wie dem DeFi-Sektor.

Und so schließe ich dieses Kapitel und damit das Buch, das Sie in den Händen halten. Ich hoffe, Sie können von meinen Erkenntnissen profitieren und müssen damit sehr viel weniger Fehler machen, als ich bei meinem Einstieg in die unübersichtliche Kryptowelt gemacht habe. Und ich hoffe auch, dass Sie nun einen guten, wohlüberlegten Einstieg in die Welt der Kryptowährungen wagen können.

Viel Erfolg dabei wünscht Ihnen ihr "Cryptomaxx"

Maximilian Erlmeier

Epilog: Gesellschaftliche Auswirkungen und humane Marktwirtschaft

Ein kleines Postscriptum noch zum Ende. Auch wenn es bisweilen so scheint, ging es Satoshi Nakamoto nicht um den schnöden Mammon und Kurssteigerungen. Und selbst wenn die Wertsteigerungen für Anleger erfreulich sind, ist das nicht das Wichtigste an Bitcoin.

Wichtiger ist der Einfluss, den der Bitcoin auf die Menschen haben kann. Er bedeutet ein großes Stück Freiheit und Unabhängigkeit durch die Beteiligung *aller* Menschen am Wirtschaftsprozess und der Ausschaltung von Intermediären.

Alle Finanztransaktionen sollten peer-to-peer, also von Mensch zu Mensch abgewickelt werden. Dezentral, weltweit, ohne Schranken und Genehmigungen, obendrein ein Goldgeldanker und ein Schutz vor der Inflation - das ist Bitcoin. Seine Verbreitung wird das Finanzsystem demokratischer machen, und damit auch menschlicher.

> **Internationale Überweisungen, die oft von Gastarbeitern in ihre Heimat getätigt werden, haben zur Zeit einen Wert von geschätzten 50 Billionen US-Dollar. Im Durchschnitt fallen 7 Prozent Kosten und Gebühren an, die in die Kassen der Finanzdienstleister fließen. Bitcoin könnte diesen Menschen zugute kommen.**

Und so wie das Finanzsystem ist auch die Soziale Marktwirtschaft reparaturbedürftig. Deswegen hatte ich selbst, etwa zur selben Zeit, als Satoshi Nakamoto die Bitcoin-Revolution ins Leben rief, den Begriff der "Humanen Marktwirtschaft" in die Diskussion geführt. Diesen promoten wir seitdem mit der Freiburger Denkfabrik e.V.

Auch uns geht es um Freiheit, Unabhängigkeit und verbesserte Erfolgs- und Lebenschancen. Im Folgenden drucke ich noch mit freundlicher Genehmigung von BTC-ECHO einen Artikel von David Scheider, der auf den Punkt bringt, warum die "Humane Marktwirtschaft" und Bitcoin zusammenpassen.

"Inflation ist ein Übel" – wie die Humane Marktwirtschaft und Bitcoin zusammenpassen

Von David Scheider. Erschienen auf BTC-ECHO am 17. Juli 2021.

Ob man Bitcoin gut findet oder nicht, kommt auf den Betrachtungswinkel an. Gerade für Anhänger:innen einer weniger bekannten Denkschule könnte BTC ein wichtiger Teil im Theoriegerüst sein: Die Rede ist von der Humanen Marktwirtschaft.

Wie wäre es, in einer Welt zu leben, die auf Bitcoin aufbaut? Für so manchen Anhänger der österreichischen Schule der Nationalökonomie wäre es die Vollendung einer wirtschaftlichen Utopie. Eine Befreiung aus dem aus ihrer Sicht totalitären Anspruch der Zentralbanken und des Fiat-Zwangs. Zugegeben, das klingt extrem.

Man muss diese Einstellung zum staatlichen Geldgefüge nicht teilen, um anzuerkennen, dass Fiatgeld nicht der Wahrheit letzter Schluss sein muss. Auch andere wirtschaftspolitische Denkschulen setzen an der Bitcoin-Idee an und sehen in dem digitalen Gold durchaus Potenzial für eine bessere und gerechtere Welt. Eine dieser Denkschulen ist die Humane Marktwirtschaft. Dabei handelt es sich um eine Tradition, die sowohl auf der Sozialen

Marktwirtschaft als auch dem Humanismus aufbaut und für ein ganzheitliches und nachhaltiges Wirtschaftsmodell wirbt.

Vertreter:innen dieser Denkschule sind der Meinung, dass das Ideal der sozialen Marktwirtschaft nicht mehr der richtige Kompass ist, um Volkswirtschaften durch anstehende Krisen wie den Klimawandel und soziale Ungleichheit zu navigieren. Ein Update muss her, voilà: Die Humane Marktwirtschaft war geboren.

In ihrer Struktur ist sie vermutlich am ehesten mit dem Ordoliberalismus in der Tradition der Freiburger Wirtschaftswissenschaftler um Walter Eucken zu vergleichen. Anstatt Umverteilung und einem starken Eingriff des Staates fordert der Ordoliberalismus weitestgehend Freiheit für wirtschaftliche Akteure – natürlich in einem dafür vorgesehenen und staatlicherseits festgelegten Regelwerk. Nur so könne fairer ökonomischer Wettbewerb geschaffen sowie die politische Freiheit der Bürgerinnen und Bürger gewährleistet werden.

Die vier Säulen der Humanen Marktwirtschaft

Die Humane Marktwirtschaft baut auf diesem Konzept auf, bringt aber neben der politisch gesetzten Rahmenordnung einige zusätzliche Prinzipien in die Gleichung ein. So baut die Humane Marktwirtschaft konkret auf vier Säulen auf: 1. Bildung, 2. Ordnungsrahmen, 3. Wertelandschaft und 4. Humanismus und Menschenbild.

Dass das Individuum im Zentrum der Betrachtung steht, verrät bereits die erste Säule. Denn für Theoretiker:innen der Humanen Marktwirtschaft ist klar: Bildung ist der Schlüssel zu einem selbstbestimmten Leben. Der Staat sollte also weniger Ressourcen für den sozialen Ausgleich in die Hand nehmen, sondern mehr in

Bildung investieren. So sei Selbstverwirklichung und wirtschaftliche Freiheit für alle möglich.

Beim Ordnungsrahmen bedient sich die Humane Marktwirtschaft klassischen Motiven des Ordoliberalismus nach Walter Eucken und Franz Böhm. Der Staat ermöglicht wirtschaftlichen Wettbewerb, greift darüber hinaus aber ein, wenn sich Mono- oder Oligopole bilden. In einer Humanen Marktwirtschaft genießen Menschen alle damit einhergehenden Chancen, müssen für ihre Handlungen aber auch haften.

Anders als im Ordoliberalismus steht der Humanen Marktwirtschaft indessen auf einem klaren ethischen Grundgerüst. So wirtschaften Akteure nicht im wertfreien Raum, sondern orientieren sich an Idealen wie Humanität, Eigenverantwortung und Solidarität. Auch die Nachhaltigkeit des Wirtschaftens spielt in der Humanen Marktwirtschaft eine Schlüsselrolle. Anarcho-kapitalistische Vorstellungen, wie sie so mancher Bitcoiner vertritt, sind mit den Idealen der Humanen Marktwirtschaft also nicht deckungsgleich.

Die Namensgebung dieser theoretischen Wirtschaftsordnung ist der Humanismus. Für die Humane Marktwirtschaft steht der Mensch im Zentrum der Überlegung – mit all seiner Komplexität. Den Homo oeconomicus als Grundannahme der Volkswirtschaftslehre lehnt die Humane Marktwirtschaft ab; am Ende steht die Frage: Wie kann der modernen industrialisierten Wirtschaft eine funktionsfähige und menschenwürdige Ordnung gegeben werden?

Und was hat das mit Bitcoin zu tun?

Einer der Wortführer der Humanen Marktwirtschaft ist Maximilian Erlmeier, seines Zeichens unternehmerisch in der Brauwirtschaft tätig – und durchaus erfolgreich. Für ihn ist klar: Die Soziale Marktwirtschaft ist gescheitert, es braucht ein Umdenken.

Im Gespräch mit BTC-ECHO hebt Erlmeier auch die besondere Bedeutung von Bitcoin für eine faires und selbstbestimmtes Leben hervor.

"Bitcoin ist eine Möglichkeit, Wohlstand für viele zu schaffen. Ich glaube, dass Bitcoin dazu führt, dass viele Menschen ihre Finanzen künftig selbst in die Hand nehmen werden.", Maximilian Erlmeier gegenüber BTC-ECHO.

Ohne Bitcoin keine echte Freiheit

Gerade der Freiheitsaspekt wiegt für Erlmeier schwer. Insbesondere am Aspekt der finanziellen Inklusion wird die Bedeutung eines dezentralen Geldes deutlich. Denn wer ein Bankkonto erhält und wer nicht, entscheiden privatwirtschaftlich getriebene Akteure wie Banken. Doch wie soll die Maxime der Sozialen Marktwirtschaft, "Wohlstand für alle", möglich sein, wenn nicht einmal ein rudimentärer Zugang zum Finanzsystem besteht? Hier könne Bitcoin helfen, so Erleimer:

"Heutzutage sind viele Lebensbereiche den Menschen aus der Hand genommen. Man ist abhängig, ob man ein Bankkonto oder einen Kredit bekommt." Maximilian Erlmeier im Gespräch mit BTC-ECHO.

Doch auch die Inflation ist den Theoretikerinnen und Theoretikern einer Humanen Marktwirtschaft ein Dorn im Auge. Wie soll Selbstbestimmung möglich sein, wenn die Menschen nicht einmal über das bestimmen können, was sie täglich nutzen, nämlich ihr Geld? Dass Bitcoiner keine Freundinnen und Freunde der Geldentwertung sind, dürfte aufmerksamen Leser:innen dieser Publikation bereits aufgefallen sein. Erlmeier ist es auch nicht.

120

"Inflation ist ein Übel, das es immer gegeben hat und immer geben wird." Bereits vor tausenden von Jahren war es gang und gäbe, den Goldgehalt von Münzen sukzessive zu verringern, sagt Erlmeier.

"Das zeigt eben, dass derjenige, der das Monopol über die Geldschöpfung hat, mit diesem Privileg Sauereien begeht und die Sparer enteignet," so der Unternehmer. Diese Feststellung könnte aktueller nicht sein: Erst kürzlich hat die EZB ihr Inflationsziel von "nahe, aber unter 2 Prozent" auf zwei Prozent angehoben.

Danksagung

Ein Buch entsteht nicht aus dem Nichts. Es gibt viele Einflüsse, die dazu beitragen, dass die Buchstaben ihren Weg aufs Papier finden.

Durch das Lesen guter Fachbücher, Diskussionen und Newsletter habe ich mir das Hintergrundwissen angeeignet, um mit dem Schreiben zu beginnen. Auch die Teilnahme an Seminaren, Fachkonferenzen und Tagungen, haben mir viel geholfen, genauso wie meine Erfahrungen aus 45 Jahren Berufsleben. Sowohl als Mitarbeiter von großen Konzernen als auch als Chef von mittelständischen Unternehmen und als Berater konnte ich wichtige Erfahrungen sammeln, die in der einen oder anderen Form ihren Weg in dieses Buch gefunden haben.

Doch was zum Entstehen eines Buches am meisten beiträgt, sind Menschen. Darum möchte ich den folgenden Personen und Organisationen meinen herzlichen Dank aussprechen:

Dem Online-Magazin BTC-ECHO mit seinem Chefredakteur Sven Wagenknecht sowie David Scheider, dessen Artikel zur "Humanen Marktwirtschaft" Teil dieses Buches ist.

Besonderer Dank gilt dem Physiker und Risikomanager Herr Dr. Laurids Schimka. Er hat mir von Bitcoin erzählt, mich an die Thematik herangeführt, gecoacht und mit Rat und Tat begleitet. Dank ihm bin ich heute Bitcoiner!

Ein großes Dankeschön gilt auch meiner Tochter Miriam, die mir mit Ideen, Ratschlägen und Hinweisen bei der Entstehung dieser Seiten beigestanden hat.

Und am meisten natürlich Phillip Horch, freier Autor und Kenner der Kryptoszene. Er hat die meisten meiner Ideen und Grobentwürfe in Form gebracht, weitere Kapitel angefügt und durch Diskussionen, Anregungen und redaktionelle Arbeit das Buch wesentlich geprägt. Danke!

Last but not least: Maurice Batras, der das Cover und die Grafiken gestaltet hat.

Disclaimer

Dieses Buch wurde mit größter Sorgfalt recherchiert und geschrieben – dennoch kann keine Garantie auf die Richtigkeit und Vollständigkeit der dargestellten Informationen gemacht werden. Zudem handelt es sich in den Ausführungen, die sich mit möglichen Investments beschäftigen, keinesfalls um Handlungsempfehlungen, diese Seiten stellen keine Investmentberatung dar. Sie sind keine Aufforderungen zur Anschaffung oder Veräußerung von konkreten digitalen Währungen im Sinne einer Anlageberatung oder -vermittlung. Für eventuell auftretende Vermögensschäden haftet der Autor nicht. Ohne dazu verpflichtet zu sein, weise ich darauf hin, dass jedes Investment in digitale Assets spekulativ ist und damit sowohl Chancen, aber auch Verlustrisiken bis zum Totalverlust des eingesetzten Kapitals entstehen können.

Anhang: Das Bitcoin White Paper

Bitcoin: Ein elektronisches Peer to Peer Bezahlsystem

Satoshi Nakamoto

satoshin@gmx.com

www.bitcoin.org

übersetzt durch Bitcoin.de

Überblick. Eine reine Peer-to-Peer-Version eines elektronischen

Zahlungsverfahrens würde es ermöglichen, dass Online-Zahlungen von einer Partei direkt an eine andere gesendet werden, ohne über ein Finanzinstitut zu gehen. Digitale Signaturen bilden einen Teil der Lösung, aber die Hauptvorteile gehen verloren, wenn weiterhin eine vertrauenswürdige dritte Partei notwendig ist, um Double Spending (Mehrfachausgaben) zu verhindern. Wir schlagen eine Lösung für das Double-Spending-Problem vor, indem wir ein Peer-to-Peer-Netzwerk benutzen. Das Netzwerk gibt Transaktionen einen Zeitstempel, indem es sie in eine fortlaufende Kette von Hash-basierten Arbeitsbeweisen (Proof-of-Work) hasht und so eine Aufzeichnung erzeugt, die nicht geändert werden kann, ohne den Proof-of-Work neu zu erzeugen. Die längste Kette dient nicht nur als Nachweis für die Sequenz bezeugter Ereignisse, sondern auch als Beweis, dass sie vom größten Pool an CPU-Leistung stammt. Solange der Großteil der CPU-Leistung von Nodes kontrolliert wird, die nicht kooperieren, um das Netzwerk anzugreifen, werden diese die längste Kette generieren und schneller sein als die Angreifer. Das Netzwerk selbst erfordert nur eine Minimalstruktur. Nachrichten werden auf Best-Effort-Basis übertragen und die Nodes können das Netzwerk beliebig verlassen und wieder betreten, da sie die längste Proof-of-Work-Kette als Beweis darüber akzeptieren, was geschah, während sie weg waren.

1. Einführung

Es hat sich ergeben, dass der Handel im Internet inzwischen fast vollständig darauf beruht, dass Finanzinstitute als zu vertrauende dritte Parteien dienen, um elektronische Zahlungen zu verarbeiten. Während dieses System für die meisten Transaktionen ausreichend gut funktioniert, leidet es nach wie vor unter den Schwächen eines Modells, das auf Vertrauen beruht. Vollständig unumkehrbare Transaktionen sind nicht wirklich möglich, da Finanzinstitute es nicht vermeiden können, in Streitfällen zu vermitteln. Die Kosten der Vermittlung erhöhen die Kosten der Transaktion, was die Mindestgröße für machbare Transaktionen erhöht und die Möglichkeit kleiner Gelegenheitstransaktionen eliminiert. Ein größerer Schaden entsteht darüber hinaus durch den Wegfall der Möglichkeit, irreversible Zahlungen für irreversible Dienstleistungen zu tätigen. Durch die Option, Transaktionen rückgängig zu machen, erhöht sich das notwendige Vertrauen. Händler müssen ihren Kunden gegenüber misstrauisch sein und von ihnen mehr Informationen verlangen, als ansonsten notwendig wären. Ein bestimmtes Maß an Betrug wird als unvermeidbar akzeptiert. Diese Kosten und Zahlungsunsicherheiten können durch persönlichen Kontakt und die Verwendung einer physischen Währung vermieden werden, doch es existiert kein Mechanismus für die Leistung von Zahlungen über einen Kommunikationskanal ohne eine vertrauenswürdige Partei.

Notwendig ist ein elektronisches Zahlsystem, das auf kryptographischem Nachweis an Stelle von Vertrauen basiert und es zwei bereitwilligen Parteien ermöglicht, Transaktionen direkt untereinander durchzuführen, ohne dass eine vertrauenswürdige dritte Partei benötigt wird. Transaktionen, bei denen es rechnerisch unmöglich ist, sie zu widerrufen, würden die Verkäufer vor Betrug schützen, und standardisierte Treuhandmechanismen könnten auf einfache Weise implementiert werden, um die Käufer zu schützen. In diesem Paper schlagen wir eine Lösung für das Double-Spending-Problem vor, die unter Verwendung eines verteilten Peer-to-Peer-Zeitstempel-Servers einen rechnerischen Nachweis der chronologischen Reihenfolge der Transaktionen erzeugt. Das System ist sicher, solange die ehrlichen Nodes mehr CPU-Leistung kontrollieren als jede kooperierende Gruppe von angreifenden Nodes.

2. Transaktionen

Wir definieren eine elektronische Münze (Coin) als eine Kette digitaler Signaturen. Jeder Eigentümer überträgt den Coin auf den nächsten, indem er einen Hash der vorherigen Transaktion sowie den öffentlichen Schlüssel des nächsten Eigentümers digital signiert und dies an das Ende des Coins anhängt. Der Empfänger der Zahlung kann die Signaturen verifizieren, um die Kette der Eigentümer zu verifizieren.

Das Problem ist natürlich, dass der Zahlungsempfänger nicht verifizieren kann, dass einer der Eigentümer den Coin nicht doppelt ausgegeben hat. Eine gebräuchliche Lösung ist, eine zentrale, vertrauenswürdige Instanz, oder Münzanstalt, einzuführen, die jede Transaktion auf Double Spending (Mehrfachausgabe) prüft. Nach jeder Transaktion muss der Coin an die Münzanstalt zurückgegeben werden, damit diese einen neuen Coin herausgibt, und nur bei Coins, die direkt von der Münzanstalt ausgegeben wurden, kann darauf vertraut werden, dass sie nicht doppelt ausgegeben worden sind. Das Problem mit dieser Lösung ist, dass das Schicksal des gesamten Geldsystems von dem Unternehmen abhängt, das die Münzanstalt betreibt, und dass jede Transaktion über dieses laufen muss, wie bei einer Bank.

Wir brauchen eine Methode, um Gewissheit für den Zahlungsempfänger zu schaffen, dass die vorherigen Eigentümer keine früheren Transaktionen signiert haben. Für unsere Zwecke ist die erste Transaktion diejenige, die zählt, so dass wir uns keine Sorgen über spätere Versuche zur Mehrfachausgabe machen müssen. Die einzige Möglichkeit, die Abwesenheit einer Transaktion zu bestätigen, ist es, alle Transaktionen zu kennen. In dem auf einer Münzanstalt basierenden Modell kannte die Münzanstalt alle Transaktionen und konnte entscheiden, welche zuerst eingetroffen ist. Um dies ohne vertrauenswürdige Partei zu erreichen, müssen Transaktionen öffentlich gemacht werden [1], und wir benötigen ein System, mit dem sich die Teilnehmer auf einen einzigen Verlauf der Reihenfolge, in der sie eingetroffen sind, einigen. Der Zahlungsempfänger benötigt einen Nachweis, dass sich zum Zeitpunkt jeder Transaktion die Mehrheit der Knoten des Netzwerks einig sind, dass sie diese zuerst empfangen haben.

3. Zeitstempel-Server

Die von uns vorgeschlagene Lösung beginnt mit einem Zeitstempel-Server. Ein Zeitstempel-Server funktioniert, indem er den Hash eines Blocks von mit Zeitstempel zu versehenden Datensätzen nimmt und den Hash weitläufig, etwa in einer Zeitung oder in einem Usenet-Post, veröffentlicht [2-5]. Der Zeitstempel beweist, dass die Daten zu diesem Zeitpunkt existiert haben, offensichtlich, denn sonst gäbe es keinen Hash von ihnen. Jeder Zeitstempel beinhaltet in seinem Hash den vorhergegangenen Zeitstempel und bildet eine Kette, bei der jeder zusätzliche Zeitstempel die vorherigen verstärkt.

4. Proof- of-Work

Um einen verteilten Zeitstempel-Server auf Peer-to-Peer-Basis zu implementieren, müssen wir ein Proof-of-Work-System, ähnlich des Hashcash-Systems von Adam Back [6], anstatt der Zeitungen oder Usenet-Posts verwenden. Der Proof-of-Work beinhaltet die Suche nach einem Wert, bei dem, wenn er gehasht wird, etwa durch SHA-256, der Hash mit einer Anzahl von Nullbits beginnt. Die durchschnittlich erforderliche Arbeit ist exponentiell zu der Anzahl der erforderlichen Nullbits und kann durch die Ausführung eines einzelnen Hashs verifiziert werden.

Für unser Zeitstempel-Netzwerk implementieren wir den Proof-of-Work, indem eine Nonce im Block solange ansteigt, bis ein Wert gefunden wird, der dem Hash des Blocks die erforderlichen Nullbits gibt. Nachdem dieCPU genügend Arbeit aufgewendet hat, um den Proof-of-Work zu erfüllen, kann der Block nicht mehr geändertwerden, ohne dass die Arbeit erneut ausgeführt wird. Da spätere Blocks damit verkettet werden, würde die Arbeitzur Änderung des Blocks die Neuerstellung aller nachfolgenden Blocks beinhalten.

Der Proof-of-Work löst außerdem das Problem, bei Mehrheitsentscheidungen die Repräsentanten zubestimmen. Wenn die Mehrheit auf einer Stimme je IP-Adresse basieren würde, könnte diese durch jeden unterwandert werden, der in der Lage ist, viele IPs zu reservieren. Proof-of-Work ist im Grunde eine Stimme pro

CPU. Die Mehrheitsentscheidung wird durch die längste Kette repräsentiert, in die der größte Proof-of-Work Aufwand investiert wurde. Wenn eine Mehrheit der CPU-Leistung von ehrlichen Knoten kontrolliert wird, wird die ehrliche Kette am schnellsten wachsen und alle konkurrierenden Ketten abhängen. Um einen vergangenen Block zu ändern, müsste ein Angreifer den Proof-of-Work des Blocks sowie den aller nachfolgenden Blocks neu erzeugen, und dann die ehrlichen Nodes einholen und überholen. Wir werden später demonstrieren, dass die Möglichkeit, dass ein langsamerer Angreifer aufholt, sich exponentiell verringert, je mehr nachfolgende Blöcke hinzugefügt werden.

Um steigende Hardwareleistung und zeitlich schwankendes Interesse, einen arbeitenden Node zu betreiben, auszugleichen, wird die Proof-of-Work-Schwierigkeit durch einen gleitenden Mittelwert bestimmt, der eine durchschnittliche Anzahl von Blocks pro Stunde anpeilt. Wenn sie zu schnell generiert werden, steigt die Schwierigkeit.

5. Netzwerk

Die Schritte zum Betrieb des Netzwerks sind die Folgenden:

1) Neue Transaktionen werden an alle Knoten ausgestrahlt.

2) Jeder Knoten sammelt die neuen Transaktionen in einem Block.

3) Jeder Knoten arbeitet daran, einen schwierigen Proof-of-Work für seinen Block zu finden.

4) Wenn ein Knoten einen Proof-of-Work findet, strahlt er den Block an alle Knoten aus.

5) Die Knoten akzeptieren den Block nur, wenn alle Transaktionen darin gültig und nicht bereits ausgegeben sind.

6) Die Knoten drücken ihre Akzeptanz des Blocks aus, indem sie daran arbeiten, den nächsten Block in der Kette zu erzeugen, wofür sie die Hash des akzeptierten Blocks als vorhergegangene Hash verwenden. Knoten gehen immer davon aus, dass die längste Kette die korrekte ist und arbeiten daran, diese zu verlängern. Wenn zwei Knoten gleichzeitig verschiedene Versionen des nächsten Blocks übertragen, könnten einige Nodes die eine oder die andere Version zuerst empfangen. In diesem Fall arbeiten sie an der ersten, die sie empfangen haben, speichern aber den anderen Zweig für den Fall,

dass dieser länger wird. Der Gleichstand wird gebrochen, wenn der nächste Proof-of-Work gefunden wird und ein Zweig länger wird; die Nodes, die am anderen Zweig gearbeitet haben, werden dann auf den längeren umschalten.

Die Ausstrahlung neuer Transaktionen muss nicht zwingend jeden Knoten erreichen. So lange sie viele Knoten erreichen, werden sie früher oder später in einem Block aufgenommen. Blockausstrahlungen sind auch tolerant gegenüber verlorenen Nachrichten. Wenn ein Knoten einen Block nicht empfängt, wird er diesen anfordern, sobald er den nächsten Block empfängt und erkennt, dass ihm einer fehlt.

6. Anreize

Durch Konvention ist die erste Transaktion in einem Block eine spezielle Transaktion, die einen neuen Coin schöpft, der dem Erzeuger des Blocks gehört. Dies gibt neuen Knoten einen Anreiz, das Netzwerk zu unterstützen, und bietet einen Weg, Münzen erstmals in Umlauf zu bringen, da es keine zentrale Instanz gibt, die sie herausgibt. Das ständige Hinzufügen einer konstanten Anzahl neuer Coins ist analog zu Goldgräbern, die Ressourcen aufwenden, um mehr Gold in Umlauf zu bringen. In unserem Falle sind es CPU-Zeit und Elektrizität, die aufgewendet werden.

Die Anreize können auch durch Transaktionsgebühren gefördert werden. Wenn der Ausgangswert der Transaktion geringer ist als ihr Eingangswert, entspricht der Unterschied einer Transaktionsgebühr, die dem Wert des Anreizes des Blocks hinzugefügt wird, der die Transaktion enthält. Wenn einmal eine vorher bestimmte Anzahl von Coins in Umlauf gebracht wurde, können die Anreize vollständig auf Transaktionsgebühren übergehen und so vollständig inflationsfrei sein.

Die Anreize können helfen, Knoten zu motivieren, ehrlich zu bleiben. Wenn ein gieriger Angreifer in der Lage ist, mehr CPU-Leistung aufzubringen als alle ehrlichen Nodes, müsste er wählen, ob er diese Leistung verwendet, um Menschen zu betrügen, indem er seine Zahlungen zurück stiehlt, oder ob er sie nutzt, um neue Coins zu erzeugen. Er sollte es profitabler finden, sich an die Regeln zu halten – Regeln, die ihn mit mehr neuen Coins versorgen können als alle anderen zusammen – als dass er das System und damit die Gültigkeit seines eigenen Wohlstands untergräbt.

7. Speicherplatz zurück gewinnen

Sobald die letzte Transaktion eines Coins unter ausreichend Blöcken begraben ist, können die verbrauchten Transaktionen davor gelöscht werden, um Speicherplatz zu sparen. Um dies zu ermöglichen, ohne den Hash des Blocks zu brechen, werden die Transaktionen in einem Merkle-Tree [7][2][5] gehasht, und lediglich die Root in die Hash des Blocks aufgenommen. Alte Blöcke können dann komprimiert werden, indem Zweige des Baumes gekappt werden. Die internen Hashes müssen nicht gespeichert werden.

Ein Blockheader ohne Transaktionen benötigt etwa 80 Byte. Wenn wir davon ausgehen, dass Blöcke alle 10 Minuten generiert werden, entsprechen 80 Byte * 6 * 24 * 365 = 4,2 MB pro Jahr. Mit Computersystemen, die im Jahr (Stand 2008) typischerweise mit 2 GB RAM verkauft werden, und Moores Law, das aktuell ein Wachstum von 1,2 GB prognostiziert, sollte Speicherplatz kein Problem darstellen, selbst wenn die Blockheader im Speicher gehalten werden müssen.

8. Vereinfachte Zahlungsverifizierung

Es ist möglich Zahlungen zu verifizieren, ohne einen kompletten Netzwerk-Node zu betreiben. Ein Nutzer muss lediglich eine

Kopie der Blockheader der längsten Proof-of-Work-Kette aufbewahren, die er erhalten kann, indem er andere Netzwerk-Knoten solange abfragt, bis er überzeugt ist, dass er die längste Kette hat, und den Merkle- Zweig beziehen, der die Transaktion mit dem Block verknüpft, durch den sie einen Zeitstempel erhalten hat. Er kann die Transaktion nicht selbst prüfen, aber indem er sie mit einer Stelle in der Kette verknüpft, kann er sehen, dass sie von einem Netzwerk-Node akzeptiert wurde, und Blöcke, die danach angefügt wurden, bestätigen weiter, dass sie vom Netzwerk akzeptiert wurde.

Als solche ist die Verifizierung zuverlässig, solange das Netzwerk von ehrlichen Nodes kontrolliert wird. Sie wird aber angreifbarer, wenn das Netzwerk von einem Angreifer überwältigt wird. Während Netzwerk-Knoten Transaktionen selbst verifizieren können, kann die vereinfachte Methode so lange durch einen Angreifer mit fingierten Transaktionen getäuscht werden, wie der Angreifer das Netzwerk dominieren kann. Eine Strategie, sich dagegen zu schützen, wäre es, Alarmsignale von Netzwerk-Nodes zu akzeptieren, wenn diese einen ungültigen Block erkennen, was die Software des Users veranlassen würde, den vollen Block und die vom Alarm betroffenen Transaktionen herunterzuladen, um die Inkonsistenz zu bestätigen. Unternehmen, die regelmäßige Zahlungen erhalten, werden dennoch ihre eigenen Nodes betreiben wollen, für eine unabhängigere Sicherheit und schnellere Verifizierung.

9. Zusammenführung und Aufteilung von Werten

Obgleich es möglich wäre, die Coins einzeln zu handhaben, wäre es unpraktisch, für jeden Cent in einem Transfer eine separate Transaktion durchzuführen. Damit Werte aufgeteilt und zusammengeführt werden können, enthalten Transaktionen mehrere Inputs und Outputs. Normalerweise gibt es entweder einen einzelnen Inputs von einer größeren vorausgegangenen Transaktion oder mehrere Inputs, die kleinere Beträge zusammenfassen, und höchstens zwei Ausgänge: einer für die Zahlung und einer für die Rückgabe von Wechselgeld, falls notwendig, zurück an den Absender.

Es sollte erwähnt werden, dass eine Auffächerung, bei der eine Transaktion von mehreren Transaktionen abhängig ist, und diese Transaktionen wiederum von vielen anderen abhängen, in diesem Fall kein Problem darstellt. Es besteht niemals die Notwendigkeit, eine vollständige Kopie eines Transaktionsverlaufs abzurufen.

10. Datenschutz

Das traditionelle Bankenmodell erreicht ein bestimmtes Datenschutzniveau, indem der Zugriff auf die Informationen auf die beteiligten Parteien und die vertrauenswürdige dritte Partei begrenzt wird. Die Notwendigkeit, alle Transaktionen zu veröffentlichen, schließt diese Methode aus, aber der Datenschutz kann dennoch aufrecht erhalten werden, indem der Informationsfluss an einer anderen Stelle unterbrochen wird: indem die öffentlichen Schlüssel anonym bleiben. Die Öffentlichkeit kann sehen, dass jemand einen Betrag an jemand anderen sendet, aber ohne Informationen, die die Transaktionen mit irgendjemandem verknüpfen. Das ist dem Level an Informationen ähnlich, das von Aktienbörsen veröffentlicht wird, bei dem die Zeit und die Größe der individuellen Handelsvorgänge, das "Tape", veröffentlicht wird, ohne dass dabei gesagt wird, wer die Parteien sind.

Als zusätzliche Firewall sollte für jede Transaktion ein neues Schlüsselpaar verwendet werden, um zu vermeiden, dass die Schlüssel einem gemeinsamen Eigentümer zugeordnet werden können. Manche Verknüpfungen sind bei Transaktionen mit mehreren Eingängen noch immer unvermeidbar, weil diese notwendigerweise preisgeben, dass ihre Eingänge zum gleichen Eigentümer gehören. Das Risiko besteht darin, dass, wenn der Eigentümer eines Schlüssels bekannt gegeben wird, die Verknüpfung weitere Transaktionen offenlegen könnte, die zum gleichen Eigentümer gehört haben.

11. Berechnungen

Wir ziehen ein Szenario in Betracht, bei dem ein Angreifer versucht, eine alternative Kette schneller zu erzeugen als die ehrliche Kette. Selbst wenn dies gelingt, setzt es das System nicht willkürlichen Änderungen aus, wie zum Beispiel die Erzeugung von Wert aus dem Nichts oder das Nehmen von Geld, das dem Angreifer nicht gehört.

Die Nodes werden keine ungültige Transaktion als Zahlung akzeptieren, und die ehrlichen Nodes werden niemals einen Block akzeptieren, der eine solche enthält. Ein Angreifer kann lediglich versuchen, eine seiner eigenen Transaktionen zu verändern, um Geld zurück zu bekommen, das er vor kurzem ausgegeben hat. Das Rennen zwischen einer ehrlichen Kette und der Kette eines Angreifers kann als Binomischer Random Walk charakterisiert werden. Das Erfolgsereignis ist, dass die ehrliche Kette um einen Block erweitert wird, was deren Vorsprung um +1 erhöht, und das Scheitern ist, dass die Kette des Angreifers um einen Block erweitert wird, was den Abstand um -1 reduziert.

Die Wahrscheinlichkeit, dass ein Angreifer aus einem gegebenen Rückstand aufholt, ist analog zum Problem des "Ruin des Spielers". Angenommen, ein Spieler mit unbegrenztem Kredit beginnt mit einem Rückstand und spielt potentiell eine unbegrenzte Anzahl von Partien, mit dem Ziel, die Gewinnschwelle zu erreichen. Wir können die Wahrscheinlichkeit, dass er jemals die Gewinnschwelle erreicht, oder dass ein Angreifer jemals eine ehrliche Kette einholt, wie folgt berechnen :

p = Wahrscheinlichkeit, dass ein ehrlicher Node den nächsten Block findet

q = Wahrscheinlichkeit, dass der Angreifer den nächsten Block findet

qz = Wahrscheinlichkeit, dass der Angreifer jemals den Rückstand von z Blöcken aufholt

Unter unserer Annahme, dass p > q, fällt die Wahrscheinlichkeit exponentiell, wenn die Anzahl der Blocks, die der Angreifer aufholen muss, steigt. Wenn die Wahrscheinlichkeit gegen ihn ist und er nicht frühzeitig einen glücklichen Sprung vorwärts macht, werden seine Chancen verschwindend gering, wenn er weiter zurück fällt.

Wir erörtern nun, wie lange der Empfänger einer neuen Transaktion warten muss, bis er ausreichend sicher ist, dass der Absender die Transaktion nicht mehr ändern kann. Wir nehmen an, dass der Absender ein Angreifer ist, der den Empfänger für eine Weile glauben lassen möchte, dass er bezahlt wurde, und dann die Transaktion nach einiger Zeit verändert, so dass sie an ihn selbst zurückgezahlt wird. Der Empfänger wird alarmiert, wenn dies geschieht, aber der Absender hofft, dass es dann zu spät ist.

Der Empfänger generiert ein neues Schlüsselpaar und gibt den Public Key kurz vor dem Signieren an den Sender. Dies verhindern, dass der Sender bereits im Voraus eine Kette von Blocks vorbereitet, indem er so lange daran arbeitet, bis er ausreichend Glück gehabt hat, um einen ausreichend großen Vorsprung zu haben, und dann die Transaktion in diesem Moment ausführt. Wenn die Transaktion einmal abgeschickt wurde, beginnt der unehrliche Sender insgeheim mit der Arbeit an einer parallelen Kette, die eine geänderte Version seiner Transaktion enthält.

Der Empfänger wartet, bis die Transaktion zu einem Block hinzugefügt wurde und z Blocks dahinter angefügt wurden. Er weiß nicht genau, welchen Fortschritt der Angreifer bereits gemacht hat, aber davon ausgehend, dass die ehrlichen Blocks die durchschnittliche Zeit pro Block benötigt haben, entspricht der potentielle Fortschritt des Angreifers einer Poisson-Verteilung mit dem erwarteten Wert: Um die Wahrscheinlichkeit zu berechnen, dass der Angreifer jetzt noch aufholen könnte, multiplizieren wir die Poisson-Dichte für jede Summe des Fortschritts, den er gemacht haben könnte, mit der Wahrscheinlichkeit, dass er von diesem Punkt an aufholen könnte:

Wir stellen die Formel um, um zu vermeiden, dass die unendlichen Nachkommastellen der Verteilung addiert werden...

Und übersetzen dies in C Code...

```
#include <math.h>

double AttackerSuccessProbability(double q, int z)

{

double p = 1.0 - q;

double lambda = z * (q / p); double sum = 1.0;

int i, k;

for (k = 0; k <= z; k++)

{

double poisson = exp(-lambda); for (i = 1; i <= k; i++)
```

```
poisson *= lambda / i;

sum -= poisson * (1 - pow(q / p, z - k));

}

return sum;

}
```

Wenn wir einige Ergebnisse durchlaufen lassen, können wir erkennen wie die Wahrscheinlichkeit exponentiell mit

z abfällt.

q=0.1

z=0 P=1.0000000

z=1 P=0,2045873

z=2 P=0,0509779

z=3 P=0,0131722

z=4 P=0,0034552

z=5 P=0,0009137

z=6 P=0,0002428

z=7 P=0,0000647

z=8 P=0,0000173

z=9 P=0,0000046

z=10 P=0,0000012

q=0,3

z=0 P=1.0000000

z=5 P=0.1773523

7

z=10 P=0.0416605

z=15 P=0.0101008

z=20 P=0.0024804

z=25 P=0.0006132

z=30 P=0.0001522

z=35 P=0.0000379

z=40 P=0.0000095

z=45 P=0.0000024

z⁻50 P⁻0.0000006

Auflösung für P kleiner als 0,1% ...

P < 0.001

q=0.10 z=5

q=0.15 z=8

q=0.20 z=11

q=0.25 z=15

q=0.30 z=24

q=0.35 z=41

q=0.40 z=89

q=0.45 z=340

12. Fazit

Wir haben ein System für elektronische Transaktionen vorgeschlagen, ohne uns auf Vertrauen zu stützen. Wir sind vom üblichen System von aus digitalen Signaturen erstellten Coins ausgegangen, das eine starke Kontrolle über die Eigentümerschaft bietet, aber unvollständig ist ohne eine Methode, um Mehrfach Ausgaben zu verhindern. Um dieses Problem zu lösen, haben wir ein Peer-to-Peer-Netzwerk vorgeschlagen, das Arbeitsbeweise benutzt, um eine öffentliche Historie von Transaktionen aufzuzeichnen, die für einen Angreifer rasch unmöglich veränderbar sind, solange ehrliche Nodes die Mehrheit der CPU-Leistung kontrollieren. Das Netzwerk ist in seiner unstrukturierten Einfachheit robust. Die Nodes arbeiten alle zur gleichen Zeit mit nur wenig Koordination. Sie müssen nicht identifiziert werden, da die Nachrichten nicht zu einer bestimmten Stelle geleitet werden und nur auf Basis der besten Bemühungen ausgeliefert werden müssen. Knoten können das Netzwerk nach Belieben verlassen bzw. diesem beitreten und den Proof-of-Work als Nachweis dafür akzeptieren, was während ihrer Abwesenheit geschehen ist. Sie stimmen mit ihrer CPU-Leistung ab, drücken ihre Akzeptanz von zulässigen Blocks dadurch aus, dass sie an deren Erweiterung arbeiten und weisen ungültige Blocks dadurch ab, dass sie sich weigern, an diesen zu arbeiten. Alle erforderlichen Regeln und Anreize können mit Hilfe dieses Konsensmechanismus durchgesetzt werden.

Andreas Antonopoulos: Mastering Ethereum: Building Smart Contracts and DApps, Online-Publikation, 2018.

BTC-ECHO: www.btc-echo.de; www.btc-academy.de

Cambridge Bitcoin Energy Consumption Index: https://cbeci.org/index

Fabian Schär und Aleksander Berentsen: Bitcoin, Blockchain und Kryptoassets: Eine umfassende Einführung. Universität Basel, Basel, 2017.

René Sedillot: Muscheln, Münzen und Papier. Die Geschichte des Geldes. Frankfurt/New York, 1992, ISBN 3-593-34707-5.

Weltbank: www.wordbank.org

Herstellung und Verlag: BoD – Books on Demand, Norderstedt
© 2021, Maximilian Erlmeier,
ISBN: 9783754398050

FSC

www.fsc.org

MIX

Papier aus ver-
antwortungsvollen
Quellen
Paper from
responsible sources

FSC® C105338